ERICA BAUM
THE NAKED EYE

Bureau New York

Crèvecœur / œ, Paris

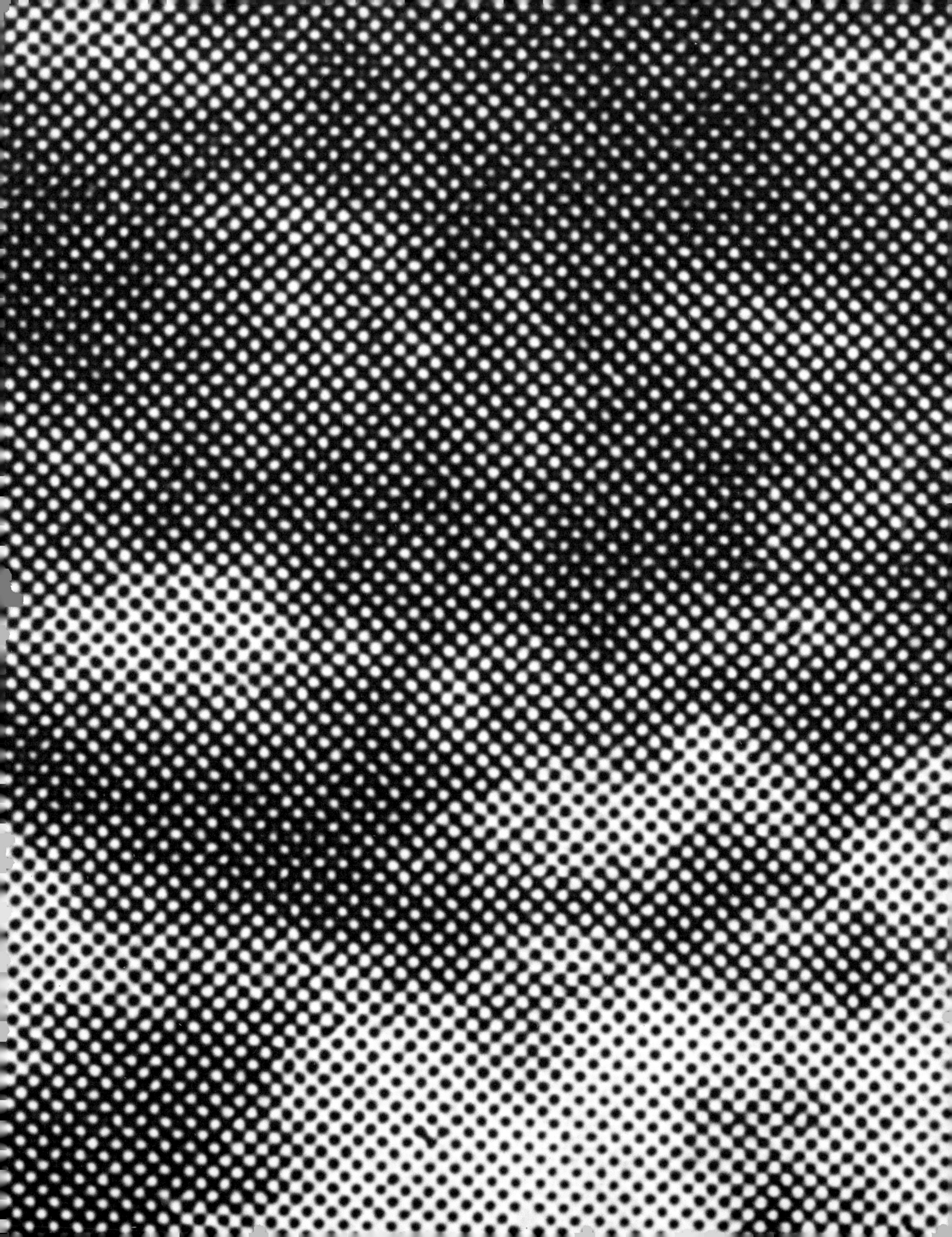

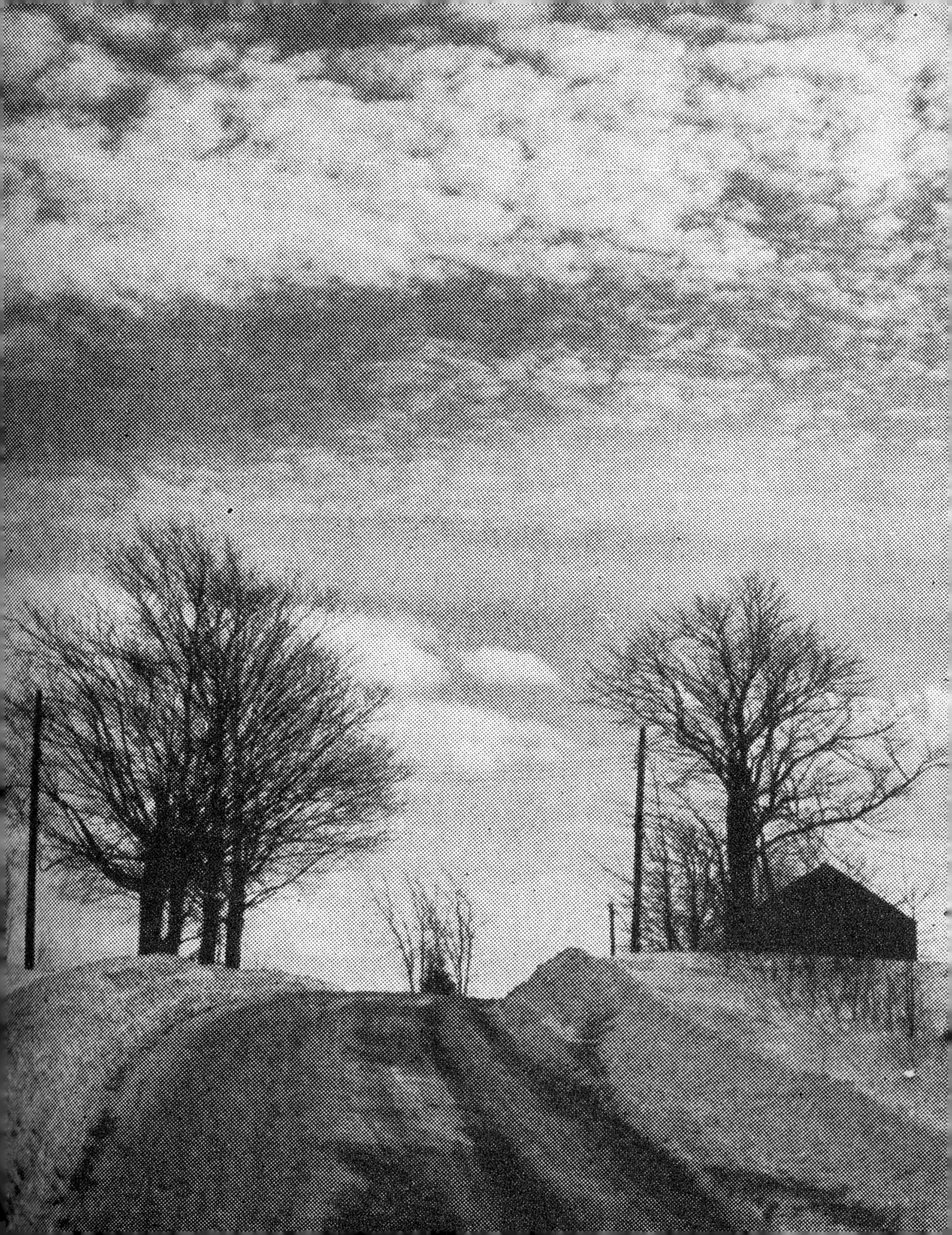

Cathleen Chaffee

ERICA BAUM'S CONTEMPORARY

LE CONTEMPORAIN D'ERICA BAUM

"Just wait until now becomes then.
You'll see how happy we were."

« Attendez un peu qu'aujourd'hui soit hier.
Et vous verrez combien nous étions heureux. »

Susan Sontag,
"Unguided Tour," *The New Yorker*,
October / Octobre,
1977

In the past twenty years, photographer Erica Baum has become increasingly well known for creating new vernacular poetry from found printed material. One of her earliest mature series highlighted improbable bedfellows in the card catalogues and indexing systems of libraries and image archives: "Swans, Amputees," reads a photograph of a card from one file drawer, "Nude Figures, Shells, Triumphs," another. In the late 1990s, when she completed these series, such indexes were still functioning in common use, but their obsolescence loomed. While Baum's light touch with found poetry has become her signature, her real work lies in dogged investigation. Like a miner working a deposit of precious metal, she begins by identifying prospects—card catalogues, player piano rolls, viewmaster slides, novels, even parlor games—and speculates on the productive vein, the new relevance to visual culture they might yet contain. She chips away over time, and only completes such photographic series when the materials stop yielding images that, to Baum, are useful for the contemporary.

Two of her most recent series, *Dog Ear* and *The Naked Eye* (2008–ongoing), take books as their subject. For the former, she folds down the corner of a page, as one would mark a place while reading. Most of the time the result is nothing special and she doesn't photograph it. When she does choose to make a photograph, it's because the two tiny isosceles triangles yield compelling juxtapositions, a form of experimental poetry. As the *Dog Ear* series gained momentum, Baum's folding became a kind of dare, challenging these books to keep withholding their secondary meanings. As photographs, the *Dog Ear* works are almost completely separate from the content of the books that inspired them; a desire to invent ways to "read" the new textual compositions fairly swamps viewers' curiosity about original source material.

Photographs from *The Naked Eye* series, on the other hand, maintain stronger, more alluring ties to their origins. All of the *Naked Eye* images are looks between the fanned pages of paperbacks that date back to the 1950s–1970s and a fashion for mass-market celebrity biographies

Ces vingt dernières années, la photographe Erica Baum a peu à peu imposé sa notoriété par la création d'une poésie vernaculaire nouvelle à partir de matériaux imprimés trouvés. Dans une des premières séries qu'elle a accomplie, elle relevait les compagnons improbables des catalogues de fiches et systèmes d'indexation des bibliothèques et archives d'image : « Cygnes, Amputés », dit une photographie d'une fiche tirée d'un tiroir à classement ; une autre : « Figures nues, Coquillages, Triomphes ». À la fin des années 1990, alors qu'elle terminait ces séries, le fonctionnement par indexes était encore courant, mais l'obsolescence guettait. Si la sensibilité de Baum pour la poésie trouvée est devenue sa marque de fabrique, son véritable travail réside dans l'enquête obstinée. Tel un mineur suivant le filon de métal précieux, elle commence par prospecter des sites – catalogues de fiches, rouleaux de piano pneumatique, diapositives de visionneuse ViewMaster, romans, voire jeux de salon – et spécule sur leur veine productive, la pertinence nouvelle en terme de culture visuelle qu'ils peuvent encore contenir. Baum émonde au fil du temps et ne complète ses séries photographiques que lorsque le matériau arrête de produire des images qui, selon elle, sont utiles pour le contemporain.

Deux de ses séries les plus récentes, *Dog Ear* et *The Naked Eye* (2008-en cours), prennent les livres pour objet. Dans la première, elle corne une page, comme pour marquer là où s'est arrêtée la lecture. La plupart du temps, il n'en ressort rien de particulier et elle ne le photographie pas. Quand elle décide d'en faire une photographie, c'est que les deux petits triangles isocèles produisent des juxtapositions inspirantes, comme une forme de poésie expérimentale. À mesure que la série *Dog Ear* se déployait, le pliage de Baum se faisait provocation, mettant les livres au défi de continuer à dissimuler leurs significations cachées. En tant que photographies, les œuvres de *Dog Ear* se démarquent presque complètement du contenu des livres qui les ont inspirées ; le désir d'inventer des « lectures » des nouvelles compositions textuelles absorbe presque toute la curiosité que le lecteur peut avoir pour le matériau d'origine.

Les photographies de la série *The Naked Eye*, en revanche, maintiennent des liens plus forts, plus envoûtants avec leurs origines. Toutes les images de *The Naked Eye* sont des regards glissés entre les pages feuilletées de livres de poche remontant aux années 1950 et 1970 et à un goût pour les biographies

and movie novelizations featuring photo sections and pulpy paper stained by brightly-dyed edges. Today, such cheap paperbacks have almost universally been succeeded by trade editions with clean white edges, if not by the crisp electronic ink of digital screens. As Baum has said of the series:

> "My initial attraction to these books was material—to the bright colors of their edges, the discoloring of their acidic pages, the presence of photographs—but the truth is that these books and their imagery are imbued with the popular culture I grew up with. Anthropologically speaking, they are artifacts from my youth."[1]

1 Steel Stillman, "Interview with Steel Stillman, Erica Baum in the Studio," *Art in America*, October 2013, 161–62.

In *Shampoo*, one of the first in *The Naked Eye* series, Baum's camera seems to have caught a half-nude woman unaware of being seen. This apparent act of voyeurism is underlined by the way the paperback's colored edges contrast with the black-and-white photograph to suggest the effect of screens or louver blinds. Upon reflection, however, it's clear that Baum is reiterating an original spectacle that, despite its apparent chance, was staged for a film camera. In this case, the central figure is Goldie Hawn's character in the 1975 Warren Beatty feature *Shampoo*. Baum's photograph remakes and gives new tension to what was otherwise just a pulpy film still. As Lauren O'Neill-Butler has written, "Without entirely displacing the subjects of these photographs, Baum shrewdly extracts image and text from source, pushing language, both visual and verbal, to unstable, higher ground."[2]

2 Lauren O'Neill-Butler, "Erica Baum," *Artforum.com*, February 2009.

Baum's use of language is inspired by artists such as Ed Ruscha, Lawrence Weiner, and Joseph Kosuth, but she reads their declarative or positivist poetry through the street photography of artists such as Walker Evans, Brassaï, and Helen Levitt. Their photographs were often seemingly straightforward scenes intercut with street signs and advertising—the textual equivalents of city life's interruptive background noise. And as the scenes captured by these urban wanderers

de stars grands publics et les adaptations de films, avec cahier photo et papier *pulp* aux tranches imprimées de teintes vives. Aujourd'hui, ces livres de poche bon marché ont presque tous été remplacés par des éditions commerciales aux tranches blanches immaculées, voire par l'encre électronique bien nette des écrans numériques. Comme Baum le dit de sa série :

> « L'attirance que j'ai pu éprouver à l'origine pour ces livres était matérielle – les couleurs vives des tranches, la décoloration des pages acides, la présence de photographies – mais il est vrai que ces livres et leur imagerie sont imprégnés de la culture populaire dans laquelle j'ai grandi. Anthropologiquement parlant, ce sont des objets de ma jeunesse[1]. »

1 Steel Stillman, « Interview with Steel Stillman, Erica Baum in the Studio », *Art in America*, octobre 2013, p. 161-62.

Dans *Shampoo*, l'une des premières images de la série *The Naked Eye*, l'appareil photo de Baum semble avoir surpris à son insu une femme à moitié nue. Le contraste entre la tranche de couleur du livre de poche et l'image en noir et blanc, évoquant l'effet d'écrans ou de stores à lamelles, vient souligner cet acte d'apparent voyeurisme. Mais, après réflexion, il est clair que Baum rejoue là un spectacle originel qui, malgré son apparence fortuite, a été mis en scène pour un appareil photo. Ici, la figure centrale de Goldie Hawn est tirée du long-métrage de 1975 de Warren Beatty, *Shampoo*. La photographie de Baum est un remake, qui confère une tension nouvelle à ce qui n'était par ailleurs qu'un photogramme. Comme l'écrit Lauren O'Neill-Butler :

> « Sans déplacer entièrement les sujets de ces photographies, Baum extrait judicieusement l'image et le texte de leur source, poussant la langue, à la fois visuelle et verbale, vers des territoires instables et plus élevés[2]. »

2 Lauren O'Neill-Butler, « Erica Baum », *Artforum.com*, février 2009.

L'utilisation que fait Baum du langage s'inspire d'artistes comme Ed Ruscha, Lawrence Weiner ou Joseph Kosuth, mais elle interprète leur poésie déclarative ou positiviste au filtre de la photographie de rue d'artistes comme Walker Evans, Brassaï ou Helen Levitt. Les photographies de ces derniers montrent souvent des scènes apparemment simples traversées de panneaux et de publicités – équivalents textuels du bruit de fond parasite de la vie urbaine. Et tout comme les scènes saisies par ces voyageurs urbains sont souvent

were often the result of chance, Baum, too, never quite knows what she will find in a book.[3] In terms of subject matter, Baum has said she is "always on the lookout for characters in the midst of something, bound into would-be narratives the way they are bound into the pages of the book, characters who are absorbed in their own web of words and images."[4] Baum finds her subjects, however, in publications she would almost certainly not otherwise read. Flipping pages, and stopping when her eye stops her, she balances and braces the opened book in place for the camera. This fanning and framing invents a new context for the contents, such that Baum herself is often unable to trace the photographs back to their sources. We viewers imagine what the given text—whether image, legible words on the page, or simply the photograph's title itself—might describe. While most figures are unrecognizable, they are nonetheless either types or celebrities largely synonymous with the age of Baum's source material. The male head in *Art*, captured by a staccato frame of red-edged paper, is clearly Art Garfunkel, while *Sonny*, the lone figure in an otherwise abstract arrangement of shadows and angles, couldn't be anyone but Sonny Bono.

3 As Baum described, "the whole concept of the aleatory is intrinsic to this type of photography." Cecilia Alemani, "Dog Ear Poems: An Interview with Erica Baum," *Mousse*, February 2010, 108.

4 Stillman, "Interview with Steel Stillman, Erica Baum in the Studio," 161–62.

Why does a series so fascinated with the past also feel so insistently contemporary? There are clues to this riddle in the watery pages of Baum's *Amnesia*. On the one hand, the water damage calls to mind the incidental catastrophes that might befall any bibliophile: was the book forgotten outside before a summer rain? Dropped in a bathtub? These are the most obvious explanations, but within the photograph's frame, those wobbly pages seem almost inescapably to result from the cries of the characters between the book's pages. Is it Robert Mitchum or a lookalike who holds himself stiff-lipped for a crying wreck of a girlfriend? Is he, too, choking back tears? Baum's photograph taps directly into collective memories of movies that simply fall into the melodramatic *category* of the one this book appears to represent. However much the damaged pages ought to preclude our immersion in the story—after all, they underscore quite literally the fact that

le fruit du hasard, Baum ne sait jamais tout à fait ce qu'elle va trouver dans un livre[3]. En ce qui concerne leur contenu, Baum a déclaré être « toujours à l'affût de personnages au milieu de quelque chose, pris dans de prétendus récits comme ils sont pris dans les pages du livre – des personnages absorbés dans leur propre réseau de mots et d'images »[4]. Cependant, Baum trouve ses sujets dans des publications qu'elle ne lirait sans doute pas autrement. Tournant les pages et s'arrêtant quand son œil l'arrête, elle installe et prépare le livre ouvert pour l'appareil photo. Ce feuilletage et recadrage inventent un nouveau contexte pour le contenu, si bien que Baum elle-même est souvent incapable de retrouver la source de ses photographies. Nous, spectateurs, imaginons ce que le texte donné – qu'il soit image, mot lisible sur la page ou simplement titre de la photo – pourrait décrire. Si la plupart des figures restent méconnaissables, elles représentent néanmoins des types ou des stars généralement synonymes de la période dans laquelle puise le matériau de Baum. La tête masculine de *Art*, saisie dans un cadre irrégulier de papier à tranche rouge, est clairement celle d'Art Garfunkel, tandis que la figure solitaire de *Sonny*, dans une composition par ailleurs abstraite d'ombres et d'angles, ne peut être que celle de Sonny Bono.

3 Comme l'explique Baum, « toute la notion d'aléatoire est intrinsèque à ce type de photographie ». Cecilia Alemani, « Dog Ear Poems, An Interview with Erica Baum », *Mousse*, 8 février 2010.

4 Steel Stillman, « Interview with Steel Stillman, Erica Baum in the Studio », p. 161-62.

Pourquoi une série à ce point fascinée par le passé dégage-t-elle un sentiment si instamment contemporain ? On trouvera quelques indices à cette énigme dans les pages aqueuses d'*Amnesia*. D'une part, les dégâts causés par l'eau évoquent les catastrophes accidentelles qui peuvent s'abattre sur tout bibliophile : le livre a-t-il été oublié dehors avant une pluie d'été ? Est-il tombé dans une baignoire ? Ce sont là les explications les plus évidentes. Mais dans le cadre de cette photographie, l'ondulation des pages ne semble pouvoir venir que des larmes des personnages entre les pages du livre. Est-ce Robert Mitchum ou un sosie qui tient, l'air compassé, un amour effondré et éploré ? Retient-il, à son tour, ses larmes ? La photographie de Baum touche directement à la mémoire collective des films, qui tombent simplement dans la *catégorie* mélodramatique que ce livre semble représenter. Peu importe la façon dont les pages abîmées devraient nous empêcher de nous immerger dans l'histoire – après tout, elles soulignent très littéralement le fait que nous sommes en train de regarder un objet –, l'étreinte de ce couple est presque

we are looking at an object—this couple's embrace is practically synonymous with cinematic fiction's pull. Indeed, if you're willing, the warped pages can appear to imitate the "wavy dissolve" special effect that has signified the start of a flashback since Hollywood's early days.

The criticism—by Clement Greenberg, for example[5]—that art which trades in nostalgia's sweet and musty pleasures is a retrograde abandonment of avant-garde principles has generally been worn down and out, its edge dulled by generations of artists (from Robert Rauschenberg to Baum herself) under no illusion that new art must also be sui generis. Instead these artists have capitalized on the way historical materials and the longing they evoke can derail and complicate theories of artistic teleology or "progress." Materials that make us yearn for the past can trigger critique, while historical distance collapses many subtle temporal distinctions. It is worth noting, for example, that while Baum in 2008 was looking back at a popular media representation of a 1975 film, *Shampoo* itself was already a kind of "period piece" set in 1969: a post-Watergate backward glance at the virtues and compromises of casual sex on the eve of Nixon's inauguration. Baum referenced this period more directly in *Nixon and Pat,* a photograph that includes an image of the smiling presidential couple leaving a stuttering trail of blood-red pages behind them.

5 Clement Greenberg, "Avant-Garde and Kitsch (1939)," in *The Collected Essays and Criticism: Volume 1, Perceptions and Judgments, 1933–1944,* ed. by John O'Brian (Chicago: University of Chicago Press, 1986), 5–22.

All that's left to contemporary criticism from the well-trod debates about progress in the 1940s and '50s is a reflexive kick of suspicion when we feel *manipulated* by references to the past. More germane to the current status of the printed book might be Marshall McLuhan's observation that in "an age of multiple and massive innovations," an age like our own, "obsolescence becomes the major obsession."[6] McLuhan also famously anticipated that "Electronic man," a figure thoroughly inseparable from his technology, would have "no physical body, so he puts

6 Marshall McLuhan et al., *The Book of Probes: Marshall McLuhan, David Carson.* (Corte Madera, CA: Gingko Press, 2003), 216–217.

synonyme du pouvoir de séduction de la fiction cinématographique. De fait, avec un peu de bonne volonté, les pages déformées semblent imiter l'effet spécial de « dissolution ondoyante » qui marque le commencement d'un *flash-back* depuis les débuts d'Hollywood.

La critique – par Clement Greenberg notamment[5] –, selon laquelle l'art qui exploite les plaisirs doucereux et surannés de la nostalgie représente un renoncement réactionnaire aux principes avant-gardistes, a dans l'ensemble été usée jusqu'à la corde, son tranchant émoussé par des générations d'artistes (de Robert Rauschenberg à Baum elle-même) sans illusion aucune sur le fait qu'un art nouveau doive également être *sui generis*. Au contraire, ces artistes ont misé sur la façon dont le matériau historique et la nostalgie qu'il dégage peuvent faire dérailler et compliquer les théories de la téléologie artistique ou du « progrès ». Les matériaux qui nous font aspirer au passé peuvent engendrer la critique, tandis que la distance historique peut effacer de nombreuses subtilités temporelles. Il est à noter ainsi que, si Baum en 2008 revenait sur une représentation médiatique populaire d'un film de 1975, *Shampoo* lui-même était déjà une sorte de « film historique » situé en 1969 : une vision de l'après-Watergate revenant sur les vertus et compromis de la sexualité libre à la veille de l'investiture de Nixon. Baum fait plus directement référence à cette période dans *Nixon and Pat*, une photographie du couple présidentiel souriant, une traînée bégayante de pages rouge sang derrière lui.

5 Clement Greenberg, « Avant-Garde and Kitsch » (1939), in *The Collected Essays and Criticism, Volume 1, Perceptions and Judgments, 1939-1944*, sous la dir. de John O'Brian, Chicago, University of Chicago Press, 1986, p. 5-22.

Tout ce qui reste à la critique contemporaine des débats rebattus sur le progrès dans les années 1940 et 1950 est un coup de suspicion réflexif, quand nous nous sentons *manipulés* par des références au passé. La réflexion de Marshall McLuhan sur la situation actuelle du livre imprimé est peut-être plus pertinente : dans « une période d'innovations multiples et massives », comme à notre époque, « l'obsolescence devient la principale obsession »[6]. McLuhan est également célèbre pour avoir prévu que « l'homme électronique », figure tout à fait inséparable de sa technologie, n'aurait « pas de corps physique, et [qu'il le remplacerait] donc par la nostalgie »[7].

6 Marshall McLuhan et al., *The Book of Probes, Marshall McLuhan, David Carson*, Corte Madera, Gingko Press, 2003, p. 216-217.

7 Stewart Brand, « McLuhan's Last Words », *New Scientist*, 29 janvier 1981, p. 297.

nostalgia in its place."[7] Baum's series title itself stems from her interest in just this kind of non-mediated, embodied memory. One of the first books she photographed contained accounts of UFO sightings in which eyewitnesses insisted their observations were made "with the naked eye."[8] As Baum has described, "When something is seen with the naked eye it is supposed to be unmanipulated and true. It's like the camera's lens that we no longer believe delivers only just the facts."[9] From dubious flying saucer dinner plates in the 1950s to Hollywood actors impossibly improved by Photoshop today, each generation needs to establish for itself the difference between photography and truth. And we learn and re-learn that questioning such technology is not paranoia: it is a sign of intelligence.

7 Stewart Brand, "McLuhan's Last Words," *New Scientist*, January 29, 1981, 297.

8 See Erica Baum, *Sightings* (Paris: Onestar Press, 2010).

9 Alemani, "Dog Ear Poems: An Interview with Erica Baum," 107.

McLuhan's intimation that nostalgia might one day actually replace the sensations of the human body itself feels relevant here. To see something with the "naked eye" is, ostensibly, to observe it without the intervention of technology like a telescope or a camera's lens—to see it "in the flesh." And whatever part of "us" we've still resisted ceding to smartphones, screens, and e-readers does indeed experience in Baum's images the strong, corporeal tug of the past. Her ability to make clear-eyed and compelling art from pop culture's throwaways during this age of disembodied media saturation is almost as miraculous as if she had herself spotted evidence of alien life. And her photographs are reminders of a simpler state of mediation and of the vulnerable, if not endangered status, of printed books. Yet these are only fascinating *effects* of her photographs; Baum's work is not sentimental enough for this to be the main source of its appeal.

Baum instantiates the powerful human instinct to decode images, but she does not make it easy. To become lost in the image depicted in *Amnesia*, for example, requires us to ignore a veritable forest of distancing effects: from the water damage and jaunty yellow dye that avow the book's status as a physical object rather than a portal, to the

Le titre de la série de Baum s'inspire de son intérêt pour ce genre de mémoire incarnée, sans médiation. Un des premiers livres qu'elle a photographiés contenait les comptes-rendus des observations d'OVNI, dans lesquels les témoins oculaires insistaient sur le fait que leurs observations avaient été faites « à l'œil nu »[8]. Comme l'explique Baum, « quand une chose est observée à l'œil nu, elle est censée être non manipulée et vraie. C'est comme l'objectif de l'appareil photo dont on ne croit plus qu'il ne livre que des faits »[9]. Des soucoupes volantes douteuses en forme d'assiettes à soupe des années 1950 à Hollywood aux acteurs incroyablement retouchés dans Photoshop aujourd'hui, chaque génération a besoin d'établir pour soi la différence entre photographie et vérité. Et nous apprenons et réapprenons qu'interroger cette technologie n'est pas signe de paranoïa, mais d'intelligence.

8 Voir Erica Baum, *Sightings*, Paris, Onestar Press, 2010.

9 Cecilia Alemani, « Dog Ear Poems, An Interview with Erica Baum », p. 107.

La suggestion de McLuhan selon laquelle la nostalgie pourrait un jour remplacer effectivement les sensations du corps humain semble pertinente ici. Regarder une chose « à l'œil nu » consiste prétendument à l'observer sans intervention technologique – télescope ou objectif d'appareil photo – à la voir « en chair et en os ». Et la partie de « nous » qui parvient encore à résister aux *smartphones*, écrans et tablettes éprouve de fait, dans les images de Baum, l'appel puissant, corporel du passé. Sa capacité à produire des œuvres lucides et convaincantes à partir des rebuts de la culture pop à une époque de saturation médiatique désincarnée est presque aussi miraculeuse que si elle avait elle aussi aperçu des traces de vie extraterrestre. Et ses photographies évoquent un état plus simple de la médiation ainsi que la vulnérabilité, si ce n'est la disparition prochaine, des livres imprimés. Pourtant, ce ne sont que les *effets* fascinants de ses photographies ; le travail de Baum n'est pas assez sentimental pour que réside là son principal attrait.

Baum illustre la puissance de l'instinct qui pousse les humains à décoder les images, mais elle ne nous simplifie pas la tâche. Ainsi, nous perdre dans l'image représentée dans *Amnesia* nous oblige à ignorer une véritable forêt d'effets de distanciation : marques d'eau et colorant jaune enjoué qui trahissent le statut du livre comme objet physique plutôt que comme portail, image écrasée et étrangement raccourcie du couple, esquisse d'un motif

squished and weirdly foreshortened image of the couple, to the glimpse of a knit pattern—a sweater?—at the bottom center and the mysterious striped glyph at the upper right that both intrude from other parts of the book. How readily we are willing to pilot around these obstacles is part of *Amnesia*'s very subject (immersion in fiction being a kind of forgetting in itself) as well as that of *The Naked Eye* series more generally.

In it, Baum makes choices that *should* undermine our ability to get lost in the books' photographic imagery. Specifically, she frequently causes those images to "interact" with the paperbacks themselves—as the louver blind pages underscore the scopophilia in *Shampoo*, or the water damage apparently emanates from *Amnesia*'s crying couple. Consider *Cigarette*, in which a disembodied hand rests the tip of her cigarette on the adjacent page, as if to scorch it. Or the left-pointed gun on one page in *Day for Night* that seems to be the cause of all the fragmented body parts glimpsed on the others. Or *Sewing*, in which the central figure's slow pull on a needle and thread strongly implies a metaphorical stitching of the book's pages, or its narrative. The way Baum propped this particular book open also broke the fourth wall; the sewing figure's right elbow pushes outward at the pages adjacent to the one on which she is printed, and, improbably, they appear to bend in response.

In 1957, Hannah Arendt said, "The reality and reliability of the human world rests primarily on the fact that we are surrounded by things more permanent than the activity by which they were produced."[10] This, too, is where Baum's use of disposable but omnipresent material culture finds its contemporary significance. In the *Naked Eye* we view some results of human activity from Baum's viewpoint, through her handling of pages and her camera's lens. Our eyes are her eyes, witnessing, as photographic figures seem to interact with these depleted books, pushing back against pages to which they had been consigned.

10 Hannah Arendt, *The Human Condition* (Chicago: University of Chicago Press, 1958), 195–6.

Instead of a metaphorical textbook we might consult, Baum represents the past as a series of encroaching volumes, their pages filled with characters that refuse to accept their destiny as exhausted signs. And

de tricot en bas au centre – un pull ? – et glyphe mystérieux rayé en haut à droite qui tous deux venus d'autres parties du livre s'immiscent là. La facilité avec laquelle nous sommes prêts à manœuvrer autour de ces obstacles relève précisément du sujet d'*Amnesia* (l'immersion dans la fiction étant une forme d'oubli en soi) et de la série *The Naked Eye* en général.

Là, Baum fait des choix qui *devraient* saper notre capacité à nous perdre dans l'imagerie photographique des livres. Plus précisément, elle fait souvent en sorte que les images « interagissent » avec les livres de poche eux-mêmes – comme les pages en persiennes qui soulignent la scopophilie dans *Shampoo* ou les marques d'eau que semble avoir causé le couple en train de pleurer dans *Amnesia*. Ou prenez *Cigarette*, dans laquelle une main désincarnée pose le bout de sa cigarette sur la page adjacente, comme pour venir la brûler; l'arme pointée vers la gauche sur une page de *Day for Night*, qui semble être à l'origine de tous les fragments de corps entrevus sur les autres; ou *Sewing*, dans laquelle la figure centrale tire lentement sur un fil et une aiguille, suggérant puissamment la couture métaphorique des pages du livre ou de son récit. La façon dont Baum a disposé ce livre précis semble aussi briser le quatrième mur : le coude droit de la personne qui coud pousse vers l'extérieur les pages adjacentes à celle sur laquelle elle est imprimée, pages qui, contre toute vraisemblance, semblent se courber sous la pression.

En 1957, Hannah Arendt déclarait : « La réalité et la solidité du monde humain reposent avant tout sur le fait que nous sommes environnés de choses plus durables que l'activité qui les a produites[10]. » Là aussi, l'utilisation que fait Baum de la culture matérielle jetable, mais omniprésente, trouve une signification contemporaine. Dans *The Naked Eye*, nous considérons certains résultats de l'activité humaine du point de vue de Baum, à travers son maniement des pages et à travers l'objectif de l'appareil photo. Nos yeux sont ses yeux, témoins de ces figures photographiques qui semblent interagir avec des livres épuisés, repoussant les pages dans lesquelles elles ont été reléguées.

10 Hannah Arendt, *Condition de l'homme moderne*, traduction Georges Fradier, Paris, Calmann-Lévy, 1983, p. 108.

Plutôt qu'un manuel métaphorique que l'on pourrait consulter, Baum représente le passé comme une série de volumes envahissants, leurs pages

their resistance causes folds and ripples for us viewers in the present. Baum's is the "contemporary" which is inseparable from history, as described by Giorgio Agamben: "[T]he contemporary is ... the one who, dividing and interpolating time, is capable of transforming it and putting it in relation with other times. He is able to read history in unforeseen ways, to 'cite it' according to a necessity that does not arise in any way from his will, but from an exigency to which he cannot not respond. It is as if this invisible light that is the darkness of the present cast its shadow on the past, so that the past, touched by this shadow, acquired the ability to respond to the darkness of the now."[11]

11 "What is the Contemporary?" in Giorgio Agamben, *What Is an Apparatus?: And Other Essays*, trans. by David Kishik and Stefan Pedatella (Stanford, Calif.: Stanford University Press, 2009), 53.

Baum's is a past that does indeed seem to respond to the present. But we cannot forget all those distancing aspects of the books themselves that Baum forces us to navigate. The warped pages, colored edges, and interrupting clusters of text are all demonstrations that the "present" into which these characters seem to reach only existed for Baum's camera; it lasted just a fraction of a second. And that photographic present is more than lost; it is unrepeatable. Flipping through any book a second time, we'll all find something different, not only because each passing moment is unlike the one before, but also because we will, by then, be different readers.[12]

12 This is another way of stating what was one of Gertrude Stein's preoccupations, as expressed in "Portraits and Repetitions:" "Expressing any thing there can be no repetition because the essence of that expression is insistence, and if you insist you must each time use emphasis and if you use emphasis it is not possible while anybody is alive that they should use exactly the same emphasis." Gertrude Stein, *Look at Me Now and Here I Am: Writings and Lectures, 1909–45*, ed. by Patricia Meyerowitz (Harmondsworth: Penguin, 1971), 104.

Like apparitions, Baum's vivified subjects emerge from a soup of visual cultural material, and their resistance makes them feel distinctly relevant: to the way we remember; to our changing relationship with books and technology; to our ongoing romance with fiction. But all this, as Baum's photographs also critically remind us, has already taken place. They oblige us to consider the precariousness of our own viewpoint—a present moment that, even now, is also retreating into the pulpy background.

remplies de personnages refusant d'accepter leur destin de signes épuisés. Et leur résistance provoque des plis et des vagues pour nous, spectateurs du présent. Le « contemporain » de Baum est inséparable de l'histoire – comme le contemporain décrit par Giorgio Agamben, « qui, divisant et interpolant le temps, est capable de le transformer et de créer une relation avec les autres temps, de lire l'histoire d'une manière inédite, de la 'citer' en fonction d'une nécessité qui ne doit absolument rien à son arbitraire, mais provient d'une exigence à laquelle il ne peut pas ne pas répondre. C'est comme si cette invisible lumière qu'est l'obscurité du présent projetait son ombre sur le passé tandis que celui-ci, frappé par ce faisceau d'ombre, acquérait la capacité de répondre aux ténèbres du moment[11]. »

Le passé de Baum est un passé qui semble en effet répondre au présent. Mais sans oublier tous les effets de distanciation des livres mêmes, que Baum nous oblige à parcourir. Pages déformées, tranches colorées et amas de texte sur lesquels on bute sont autant de preuves que le « présent » que semblent atteindre ces personnages n'a existé que pour l'appareil de Baum – et qu'il n'a duré qu'une fraction de seconde. Ce présent photographique est plus que perdu – il ne peut se répéter. En feuilletant un livre une seconde fois, nous y trouverons tous quelque chose de différent, non seulement parce que chaque moment qui passe est différent du précédent, mais parce que nous, alors, seront des lecteurs différents[12].

Tels des apparitions, les sujets animés de Baum émergent d'un bouillon de culture visuelle, et leur résistance les rend singulièrement pertinents : à la façon dont nous nous souvenons, à notre relation changeante avec les livres et la technologie, à notre idylle ininterrompue avec la fiction. Mais tout cela, comme les photographies de Baum nous le rappellent également de façon critique, a déjà eu lieu. Elles nous obligent à considérer la précarité de notre propre point de vue – un moment présent qui, à cet instant même, se replie à son tour vers un fond lointain.

11 Giorgio Agamben, *Qu'est-ce que le contemporain ?*, Paris, Payot & Rivages, 2008, p. 39-40.

12 C'est là une autre manière de présenter l'un des centres d'intérêt de Gertrude Stein, qu'elle développe dans « Portraits and Repetitions » : « En exprimant une chose quelconque il ne peut y avoir de répétition parce que l'essence de cette expression est l'insistance, et que si vous insistez, vous devez chaque fois utiliser l'accentuation et que si vous utilisez l'accentuation, il est impossible au cours d'une vie d'utiliser exactement la même accentuation. » Gertrude Stein, *Look at Me Now and Here I Am, Writings and Lectures, 1909-45*, sous la dir. de Patricia Meyerowitz, Harmondsworth, Penguin, 1971, p. 104.

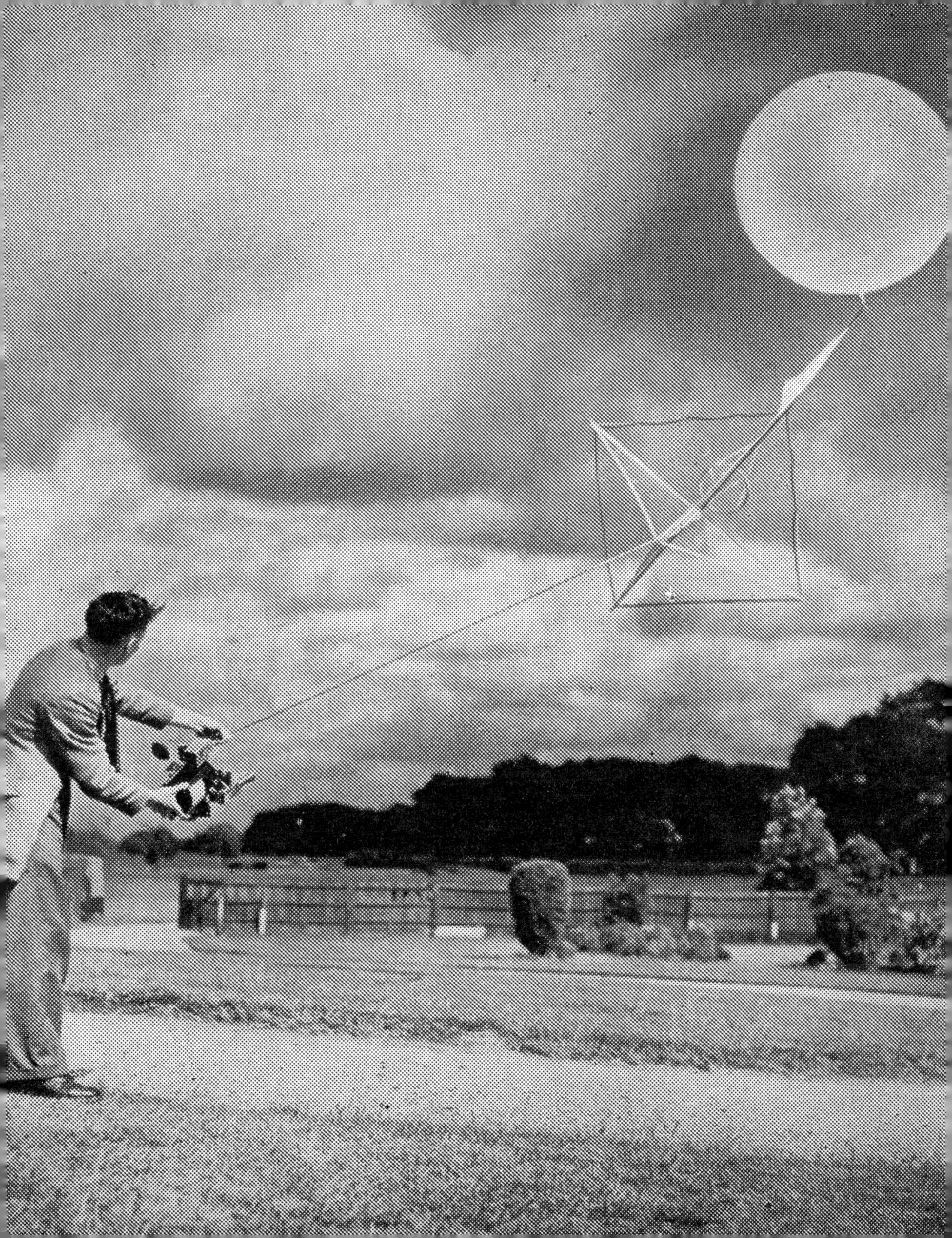

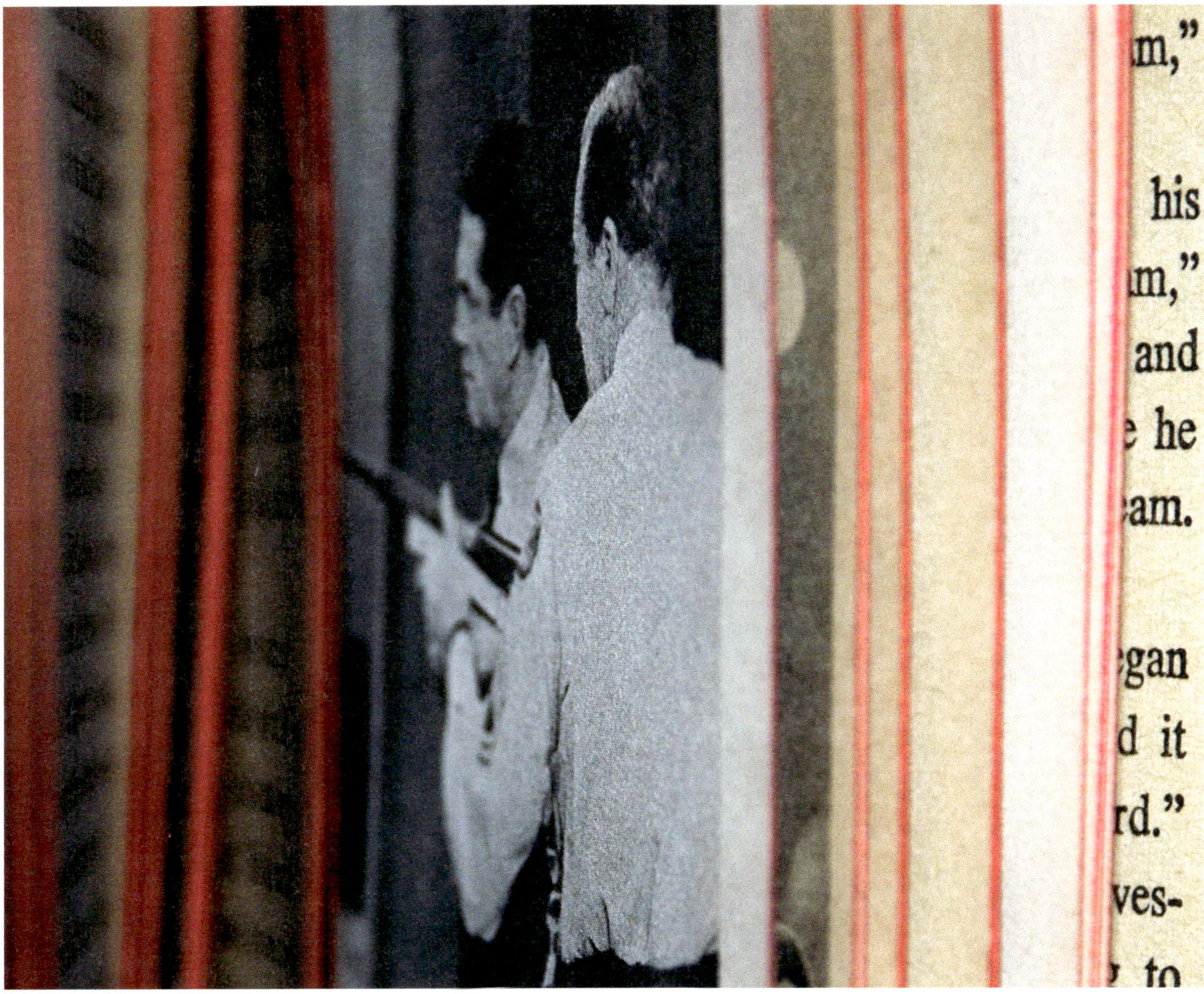

Flint
2009

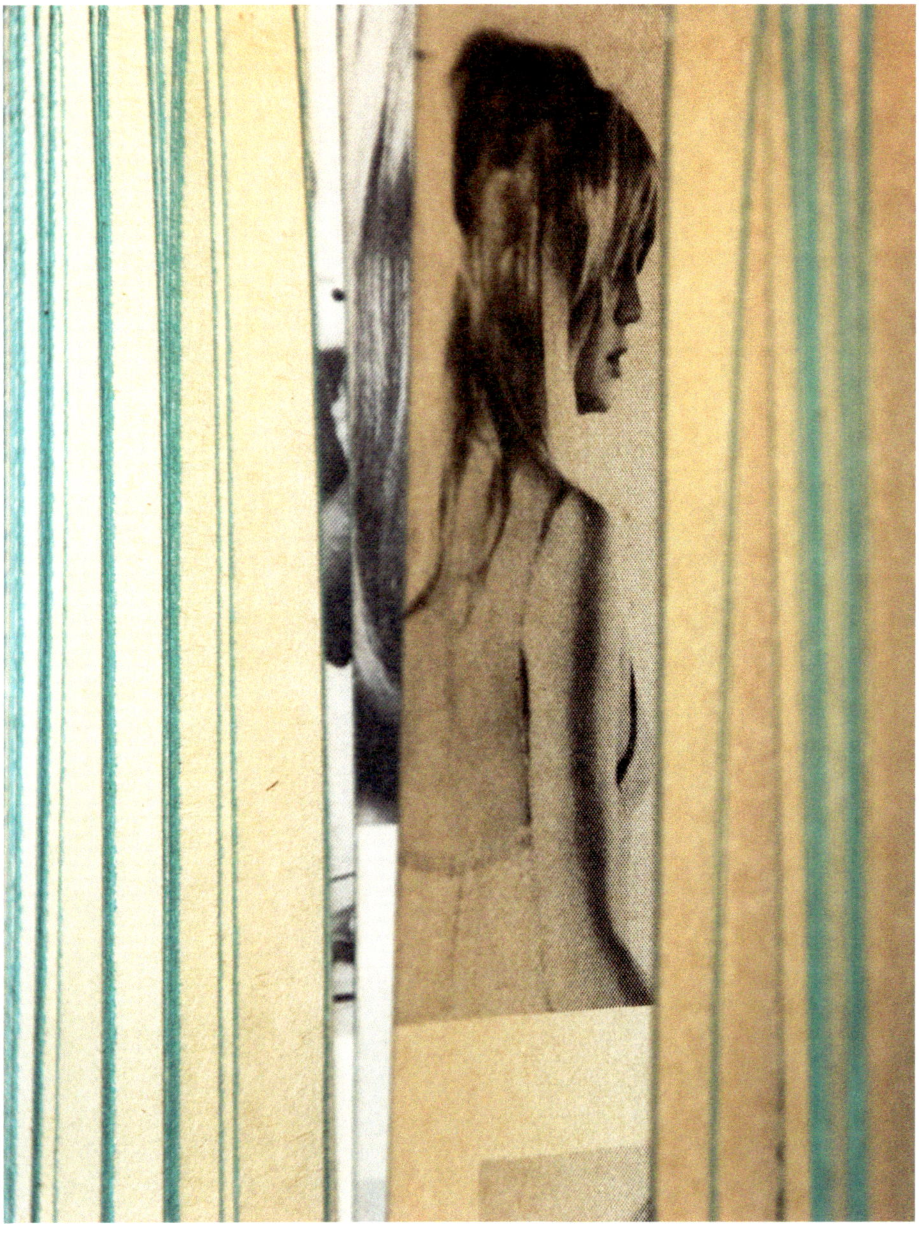

Shampoo
2008

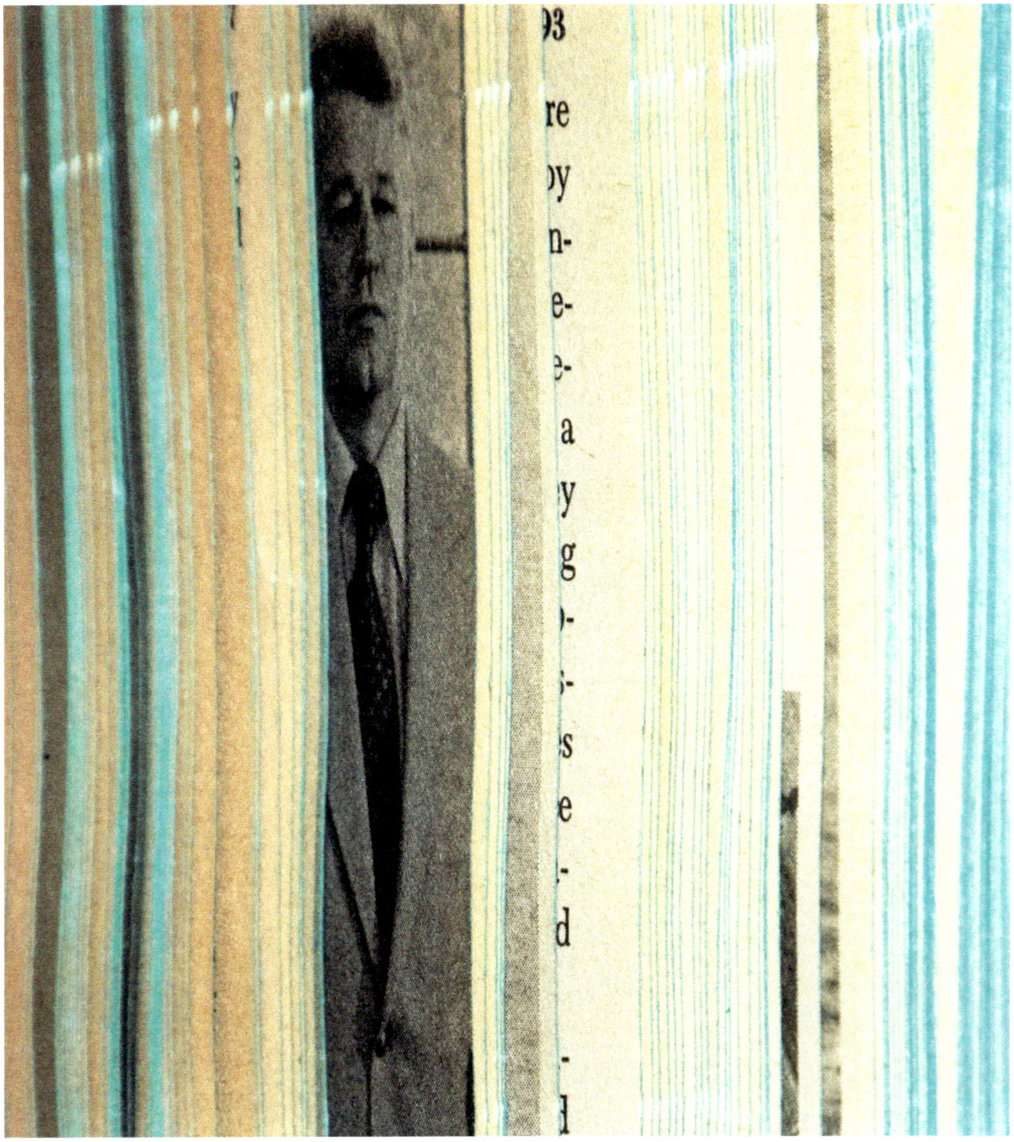

Jaws
2008

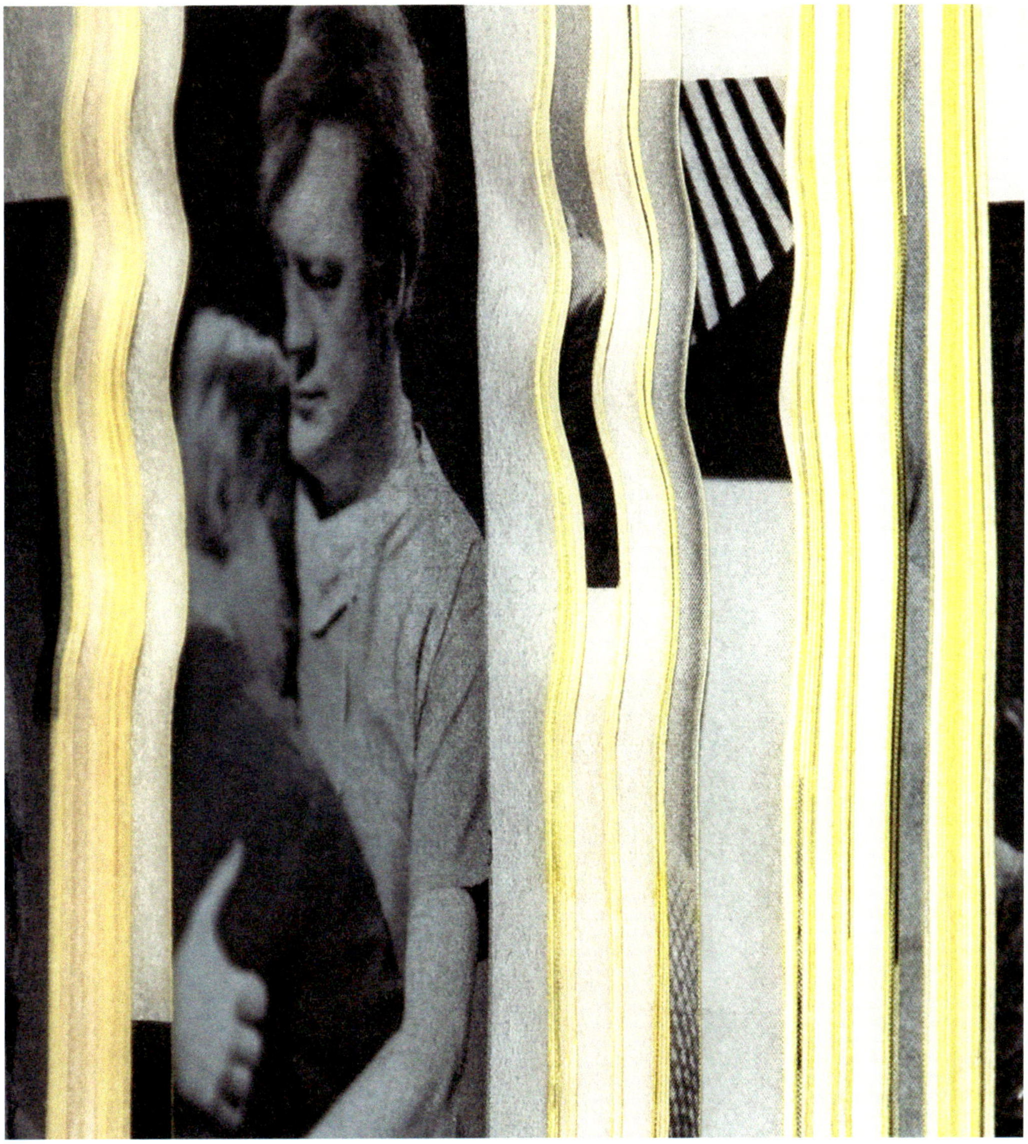

Amnesia
2009

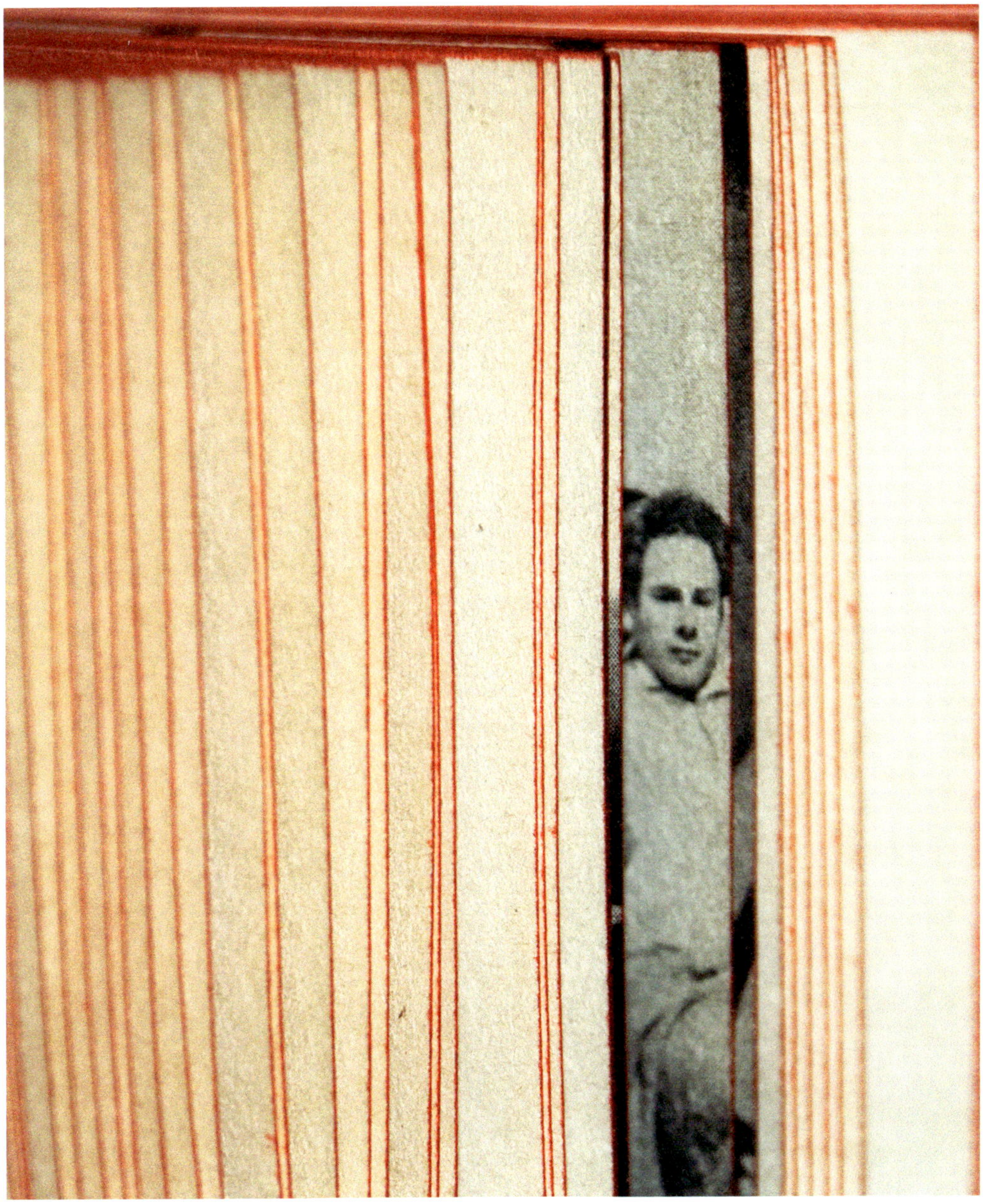

Art
2008

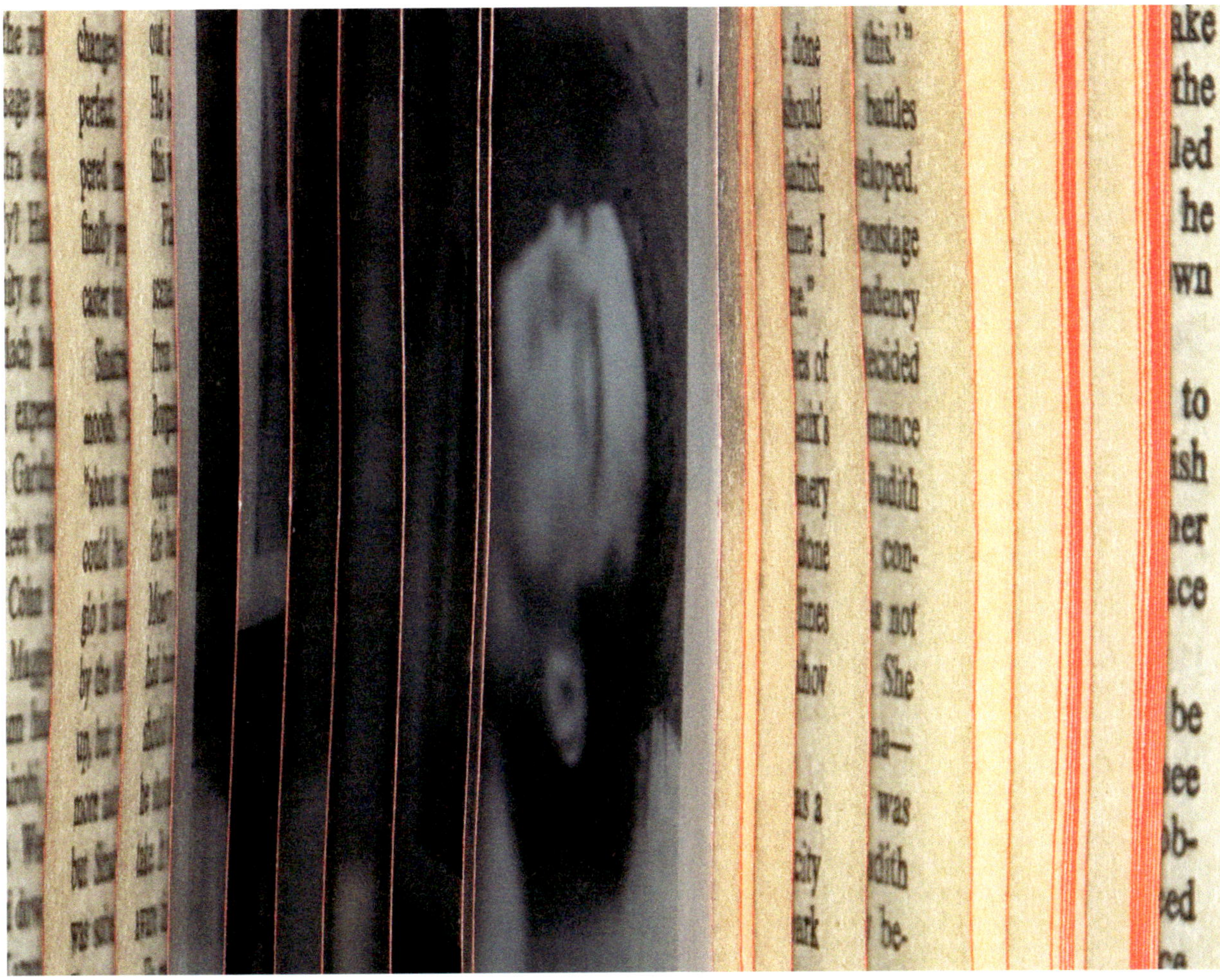

Slept
2008

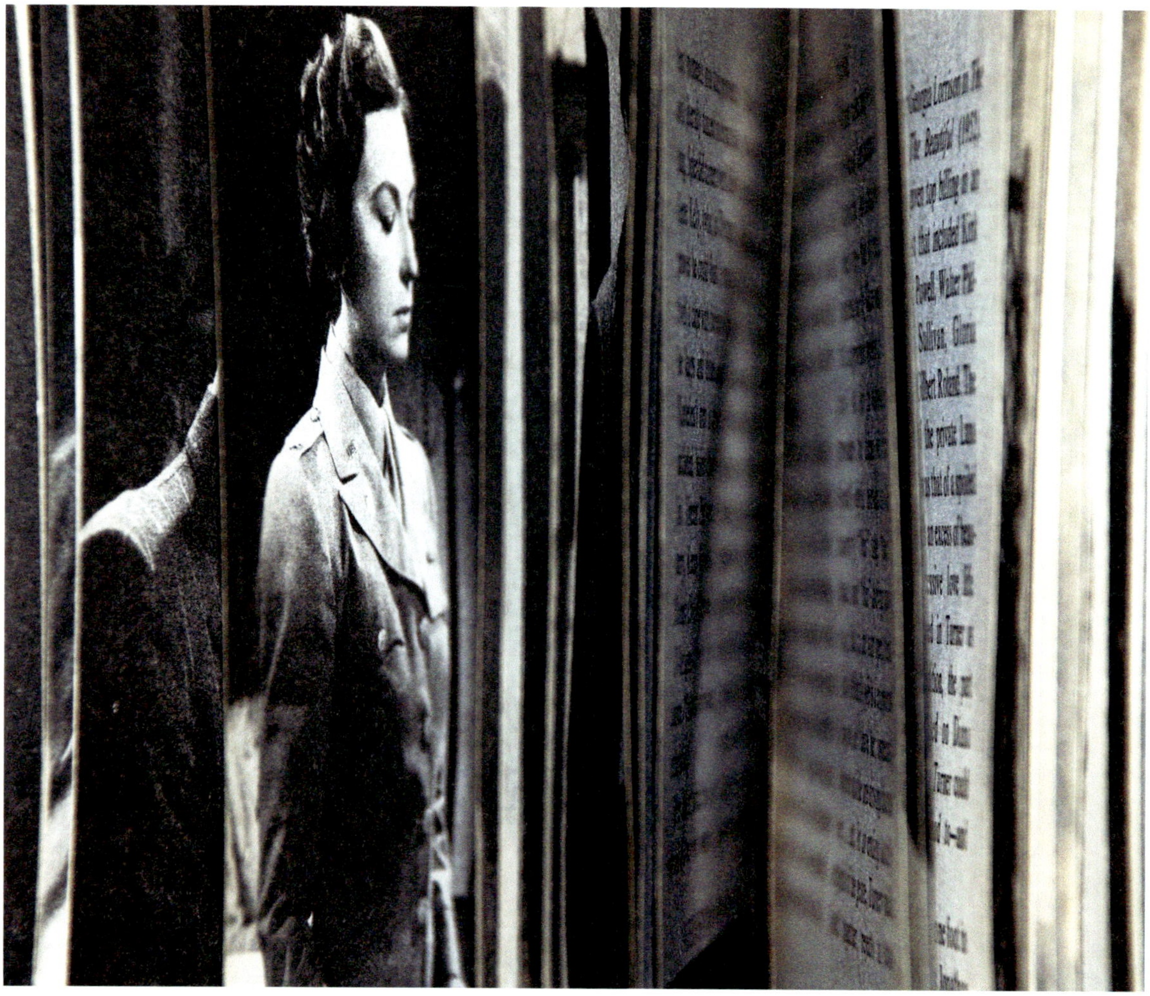

Agnes
2008

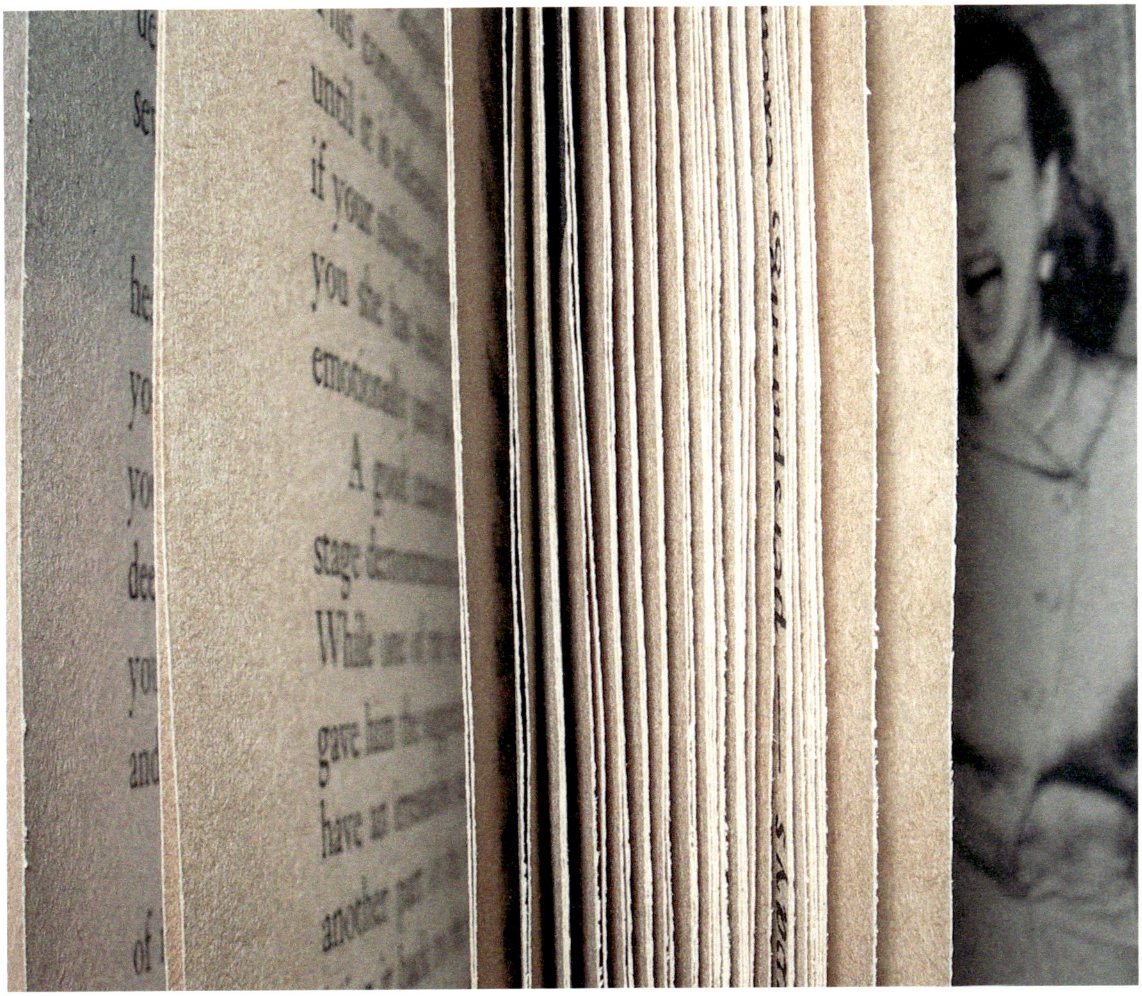

Hypnotized
2008

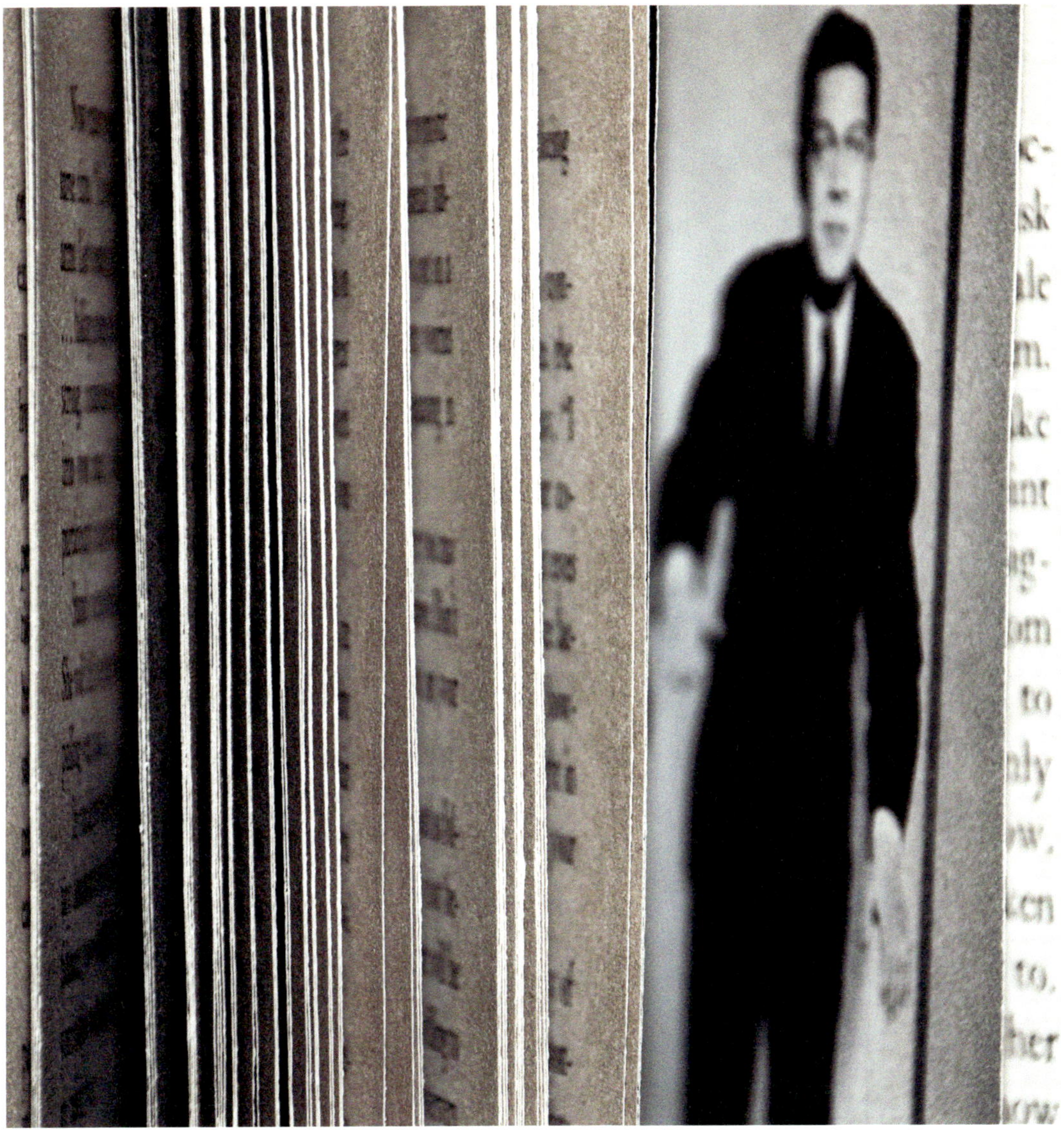

Hypnosis
2008

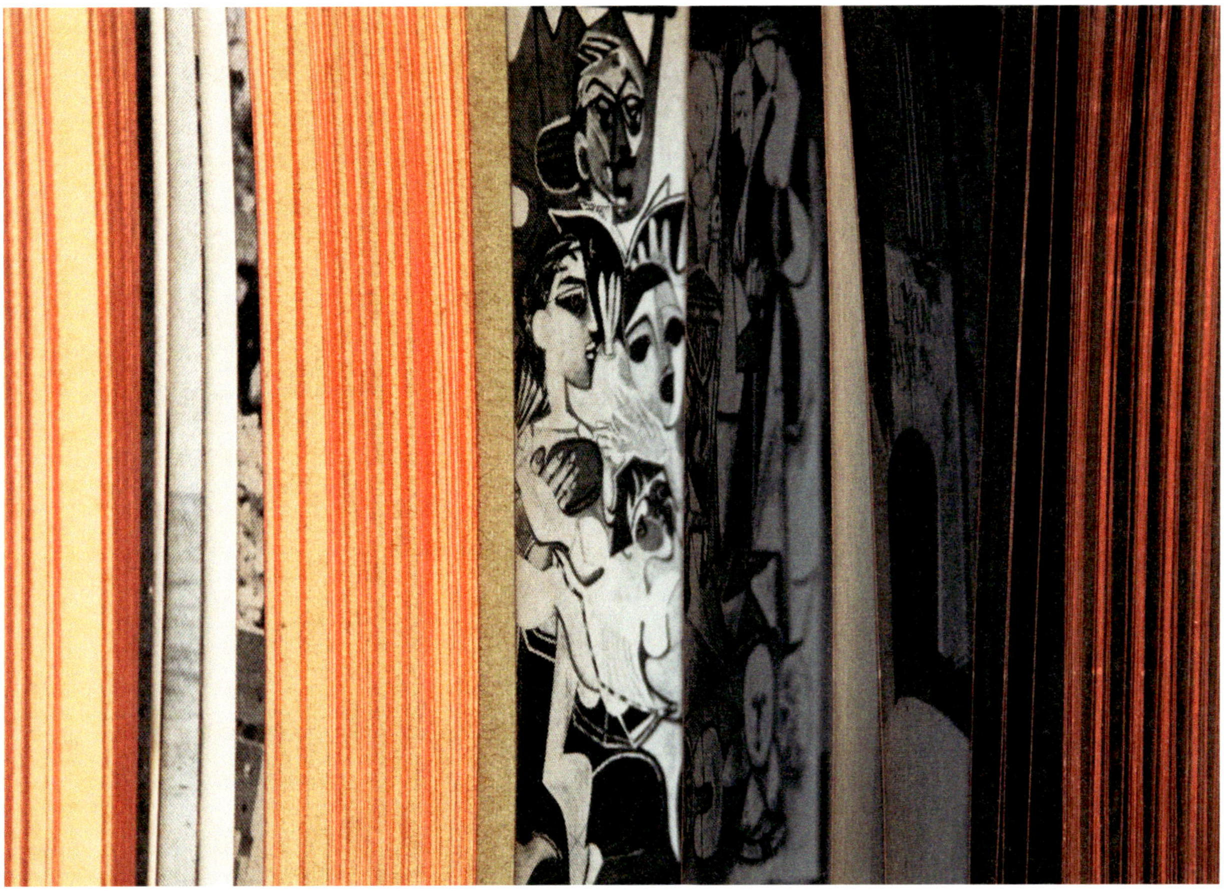

Picasso
2009

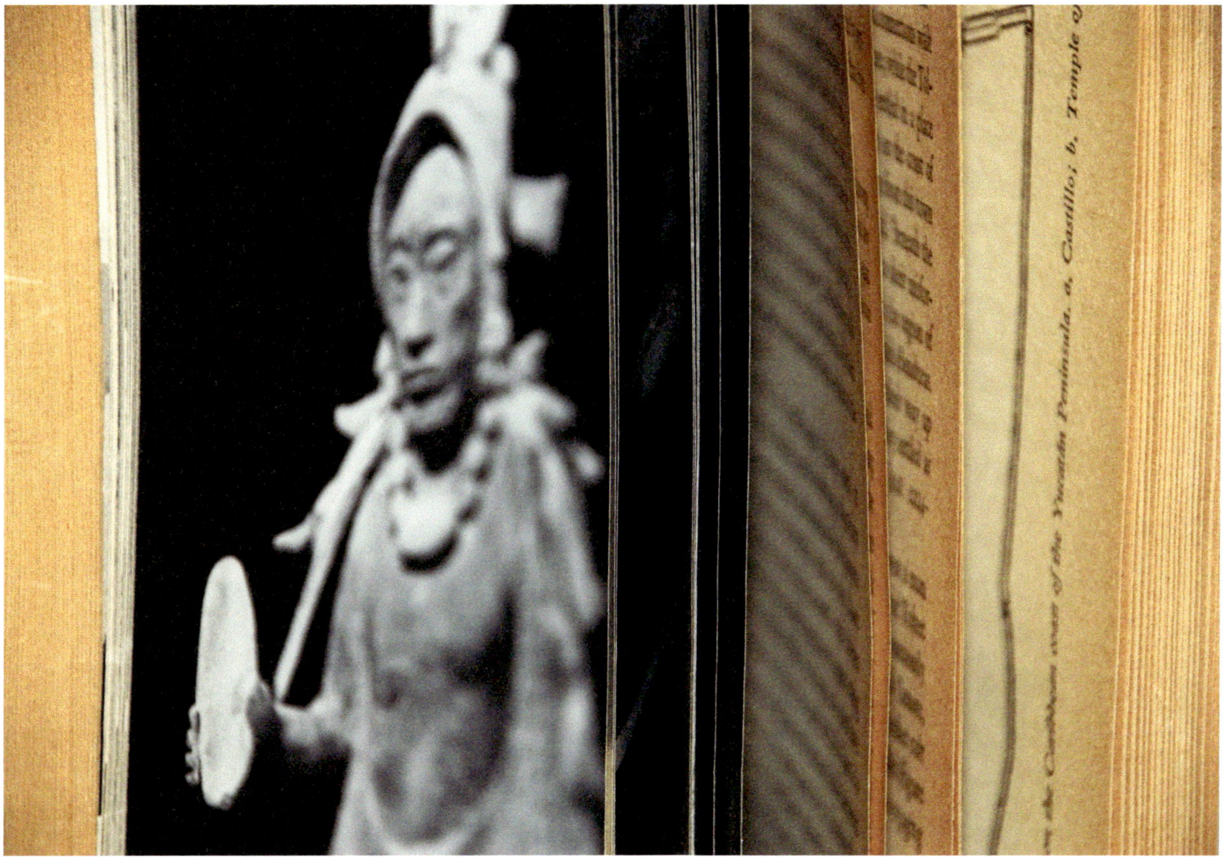

Mayan
2008

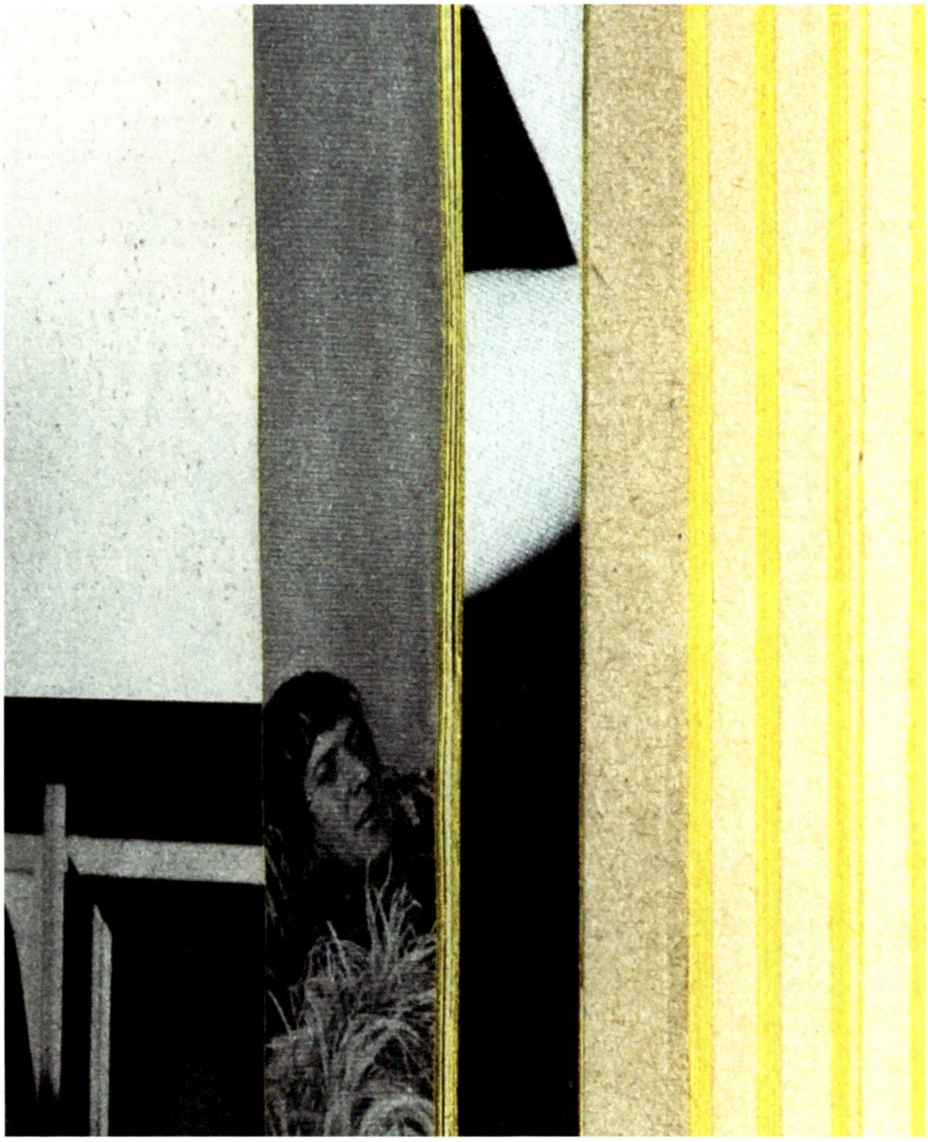

Sonny
2012

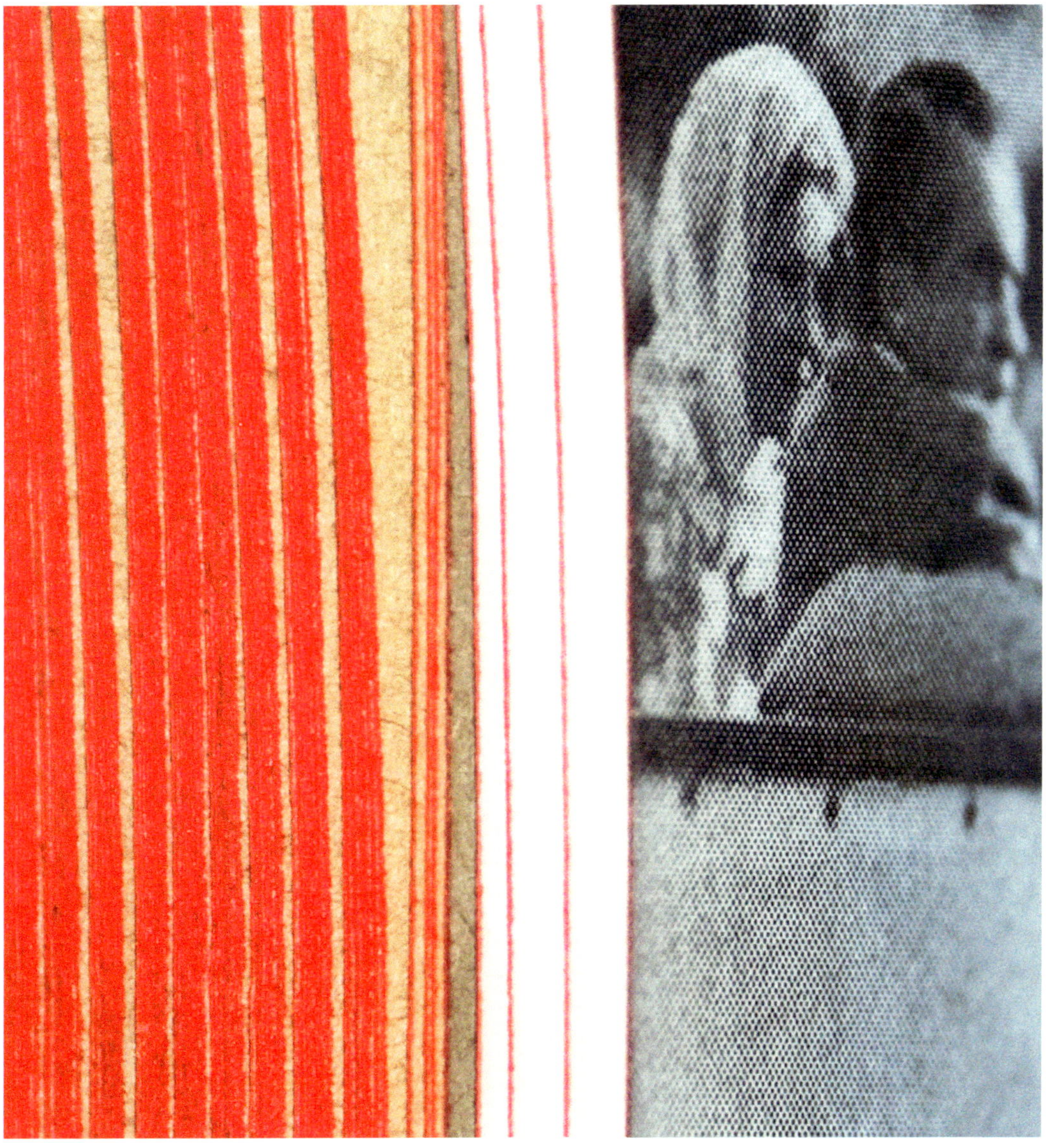

Nixon and Pat
2009

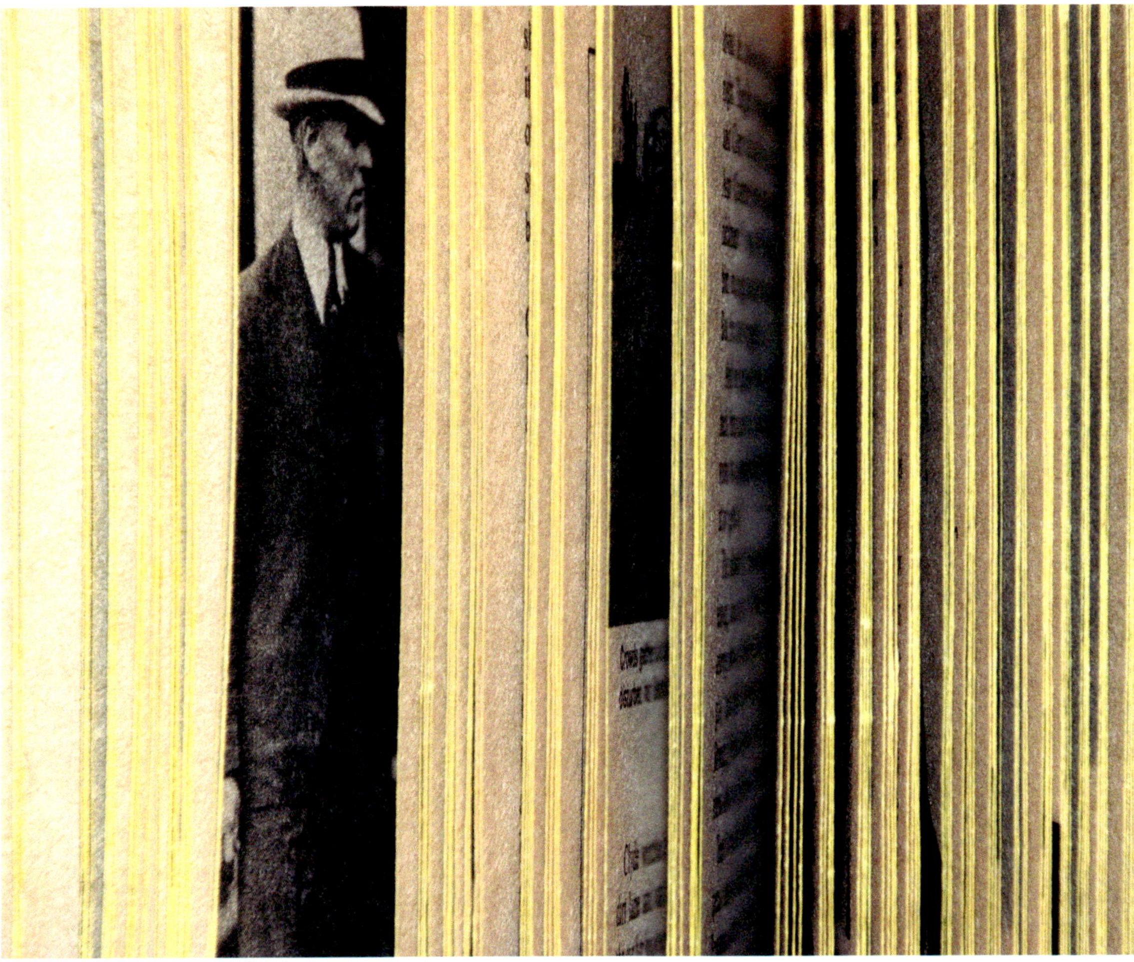

Gangster
2008

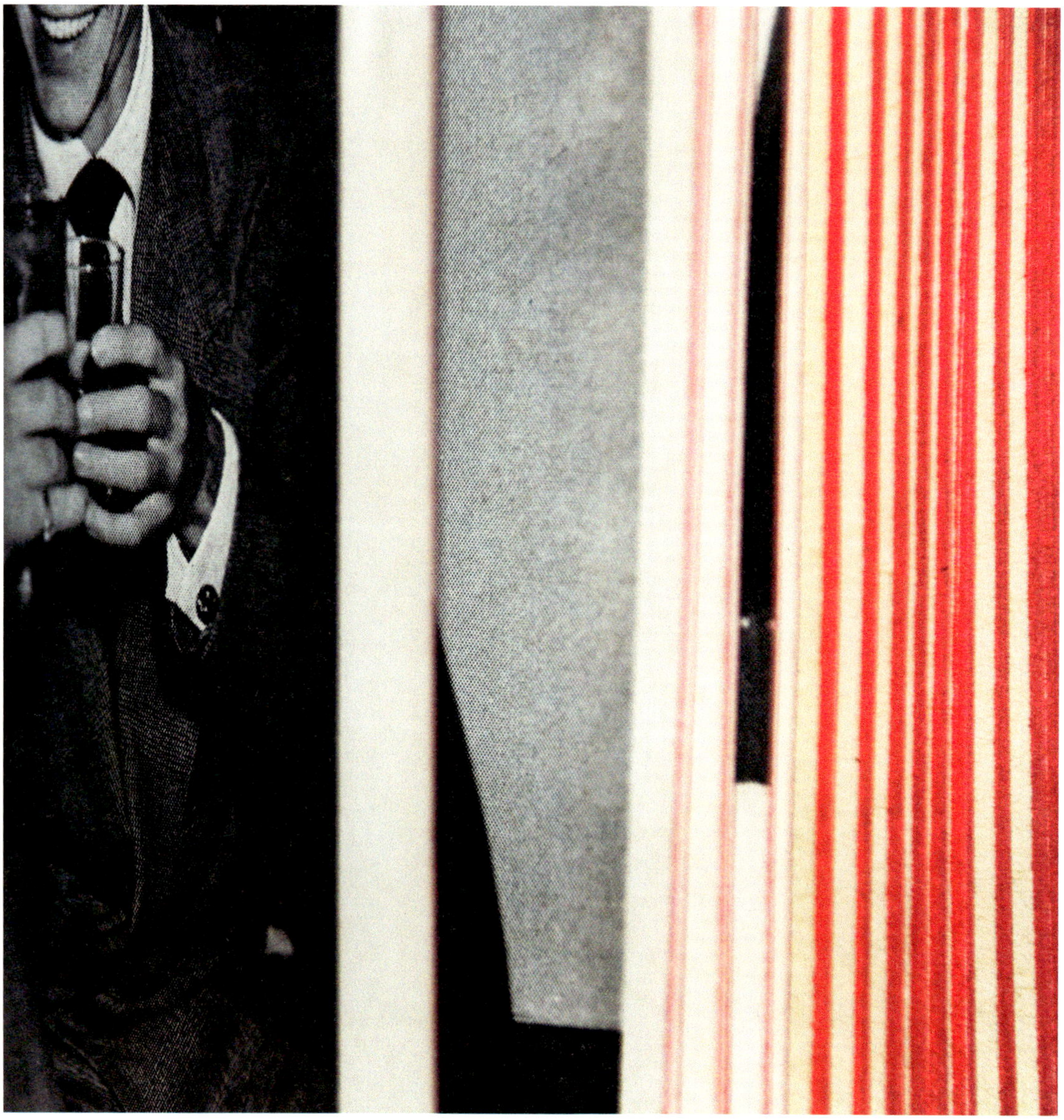

Sinatra
2009

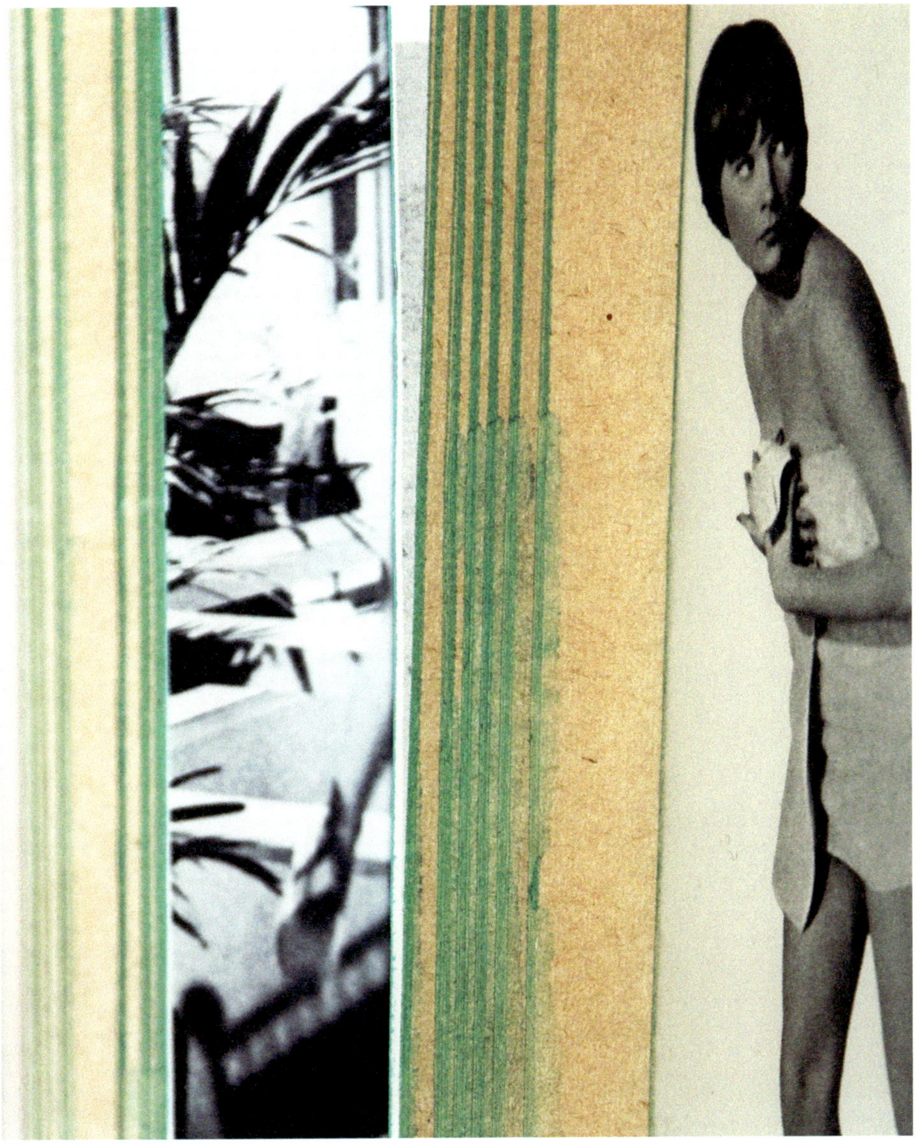

Towel
2009

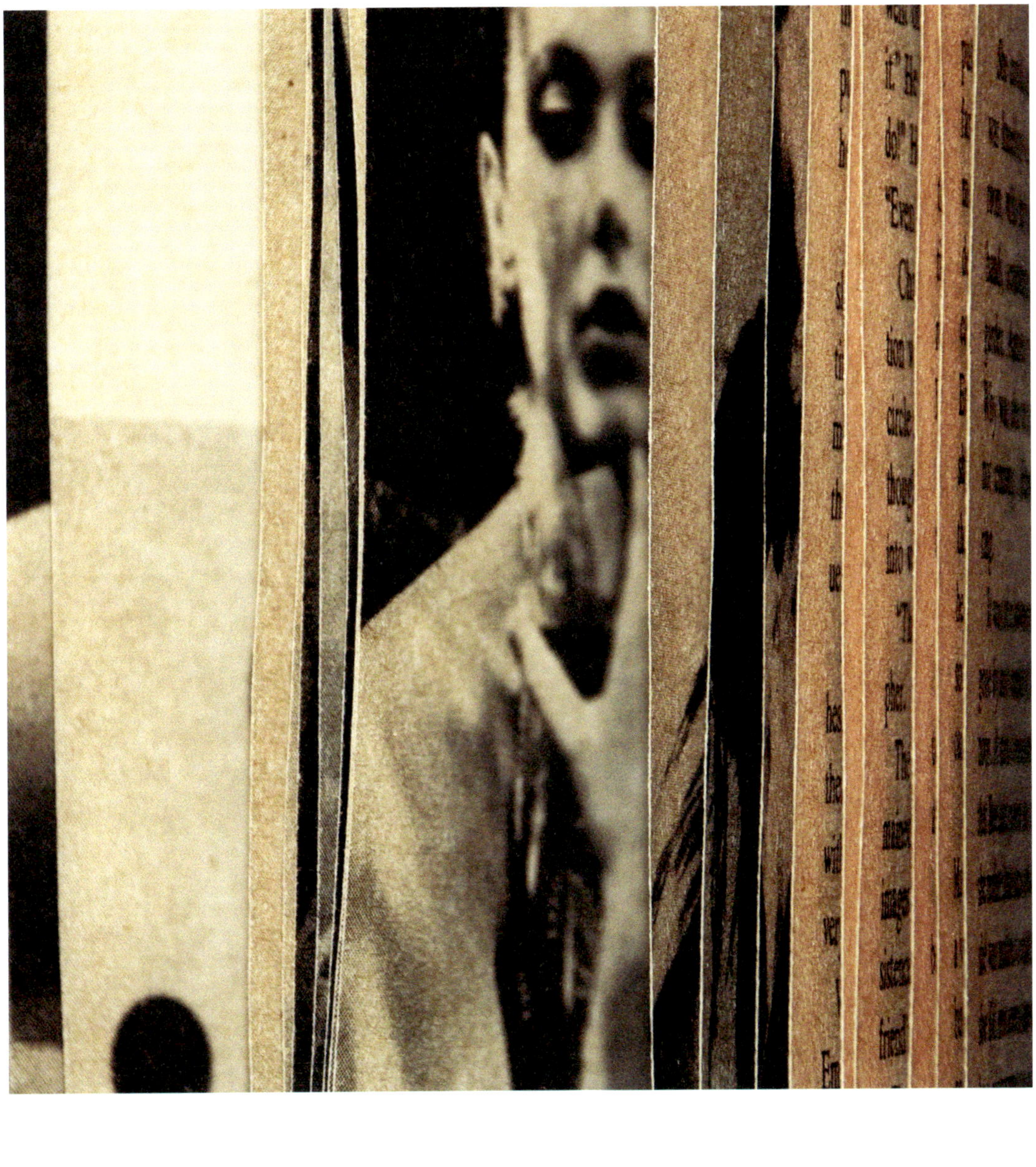

Alchemy
2009

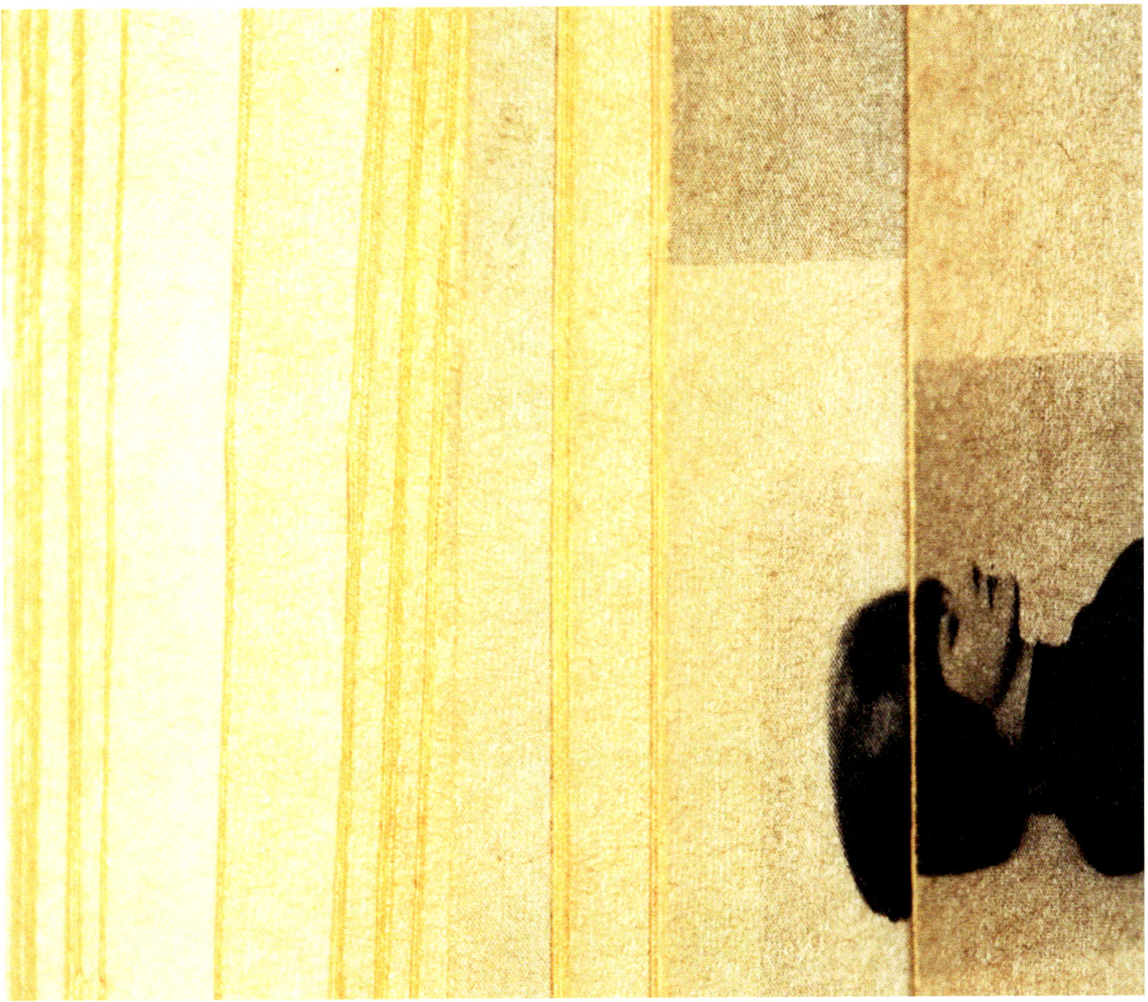

Figure Head
2009

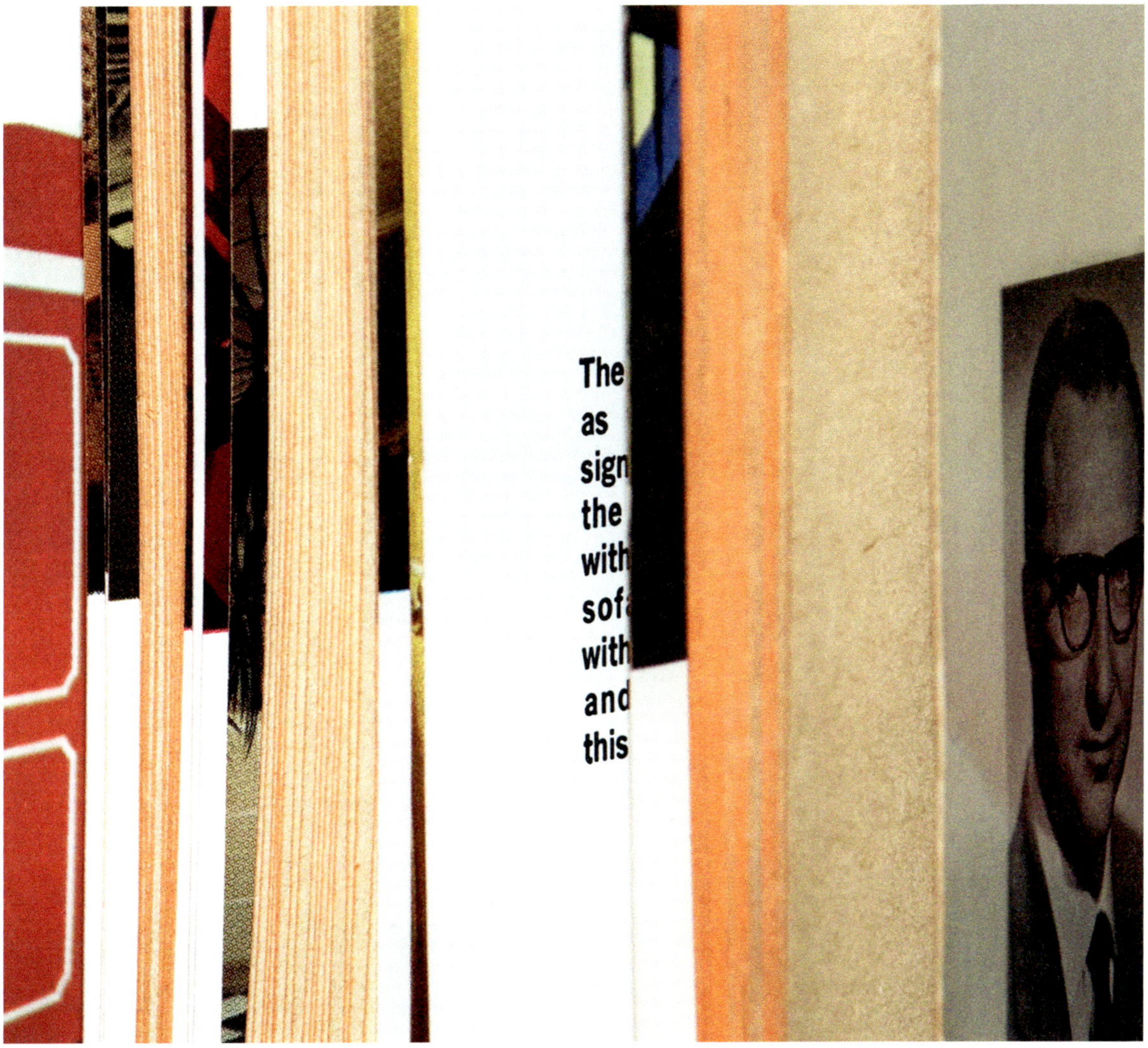

Author
2009

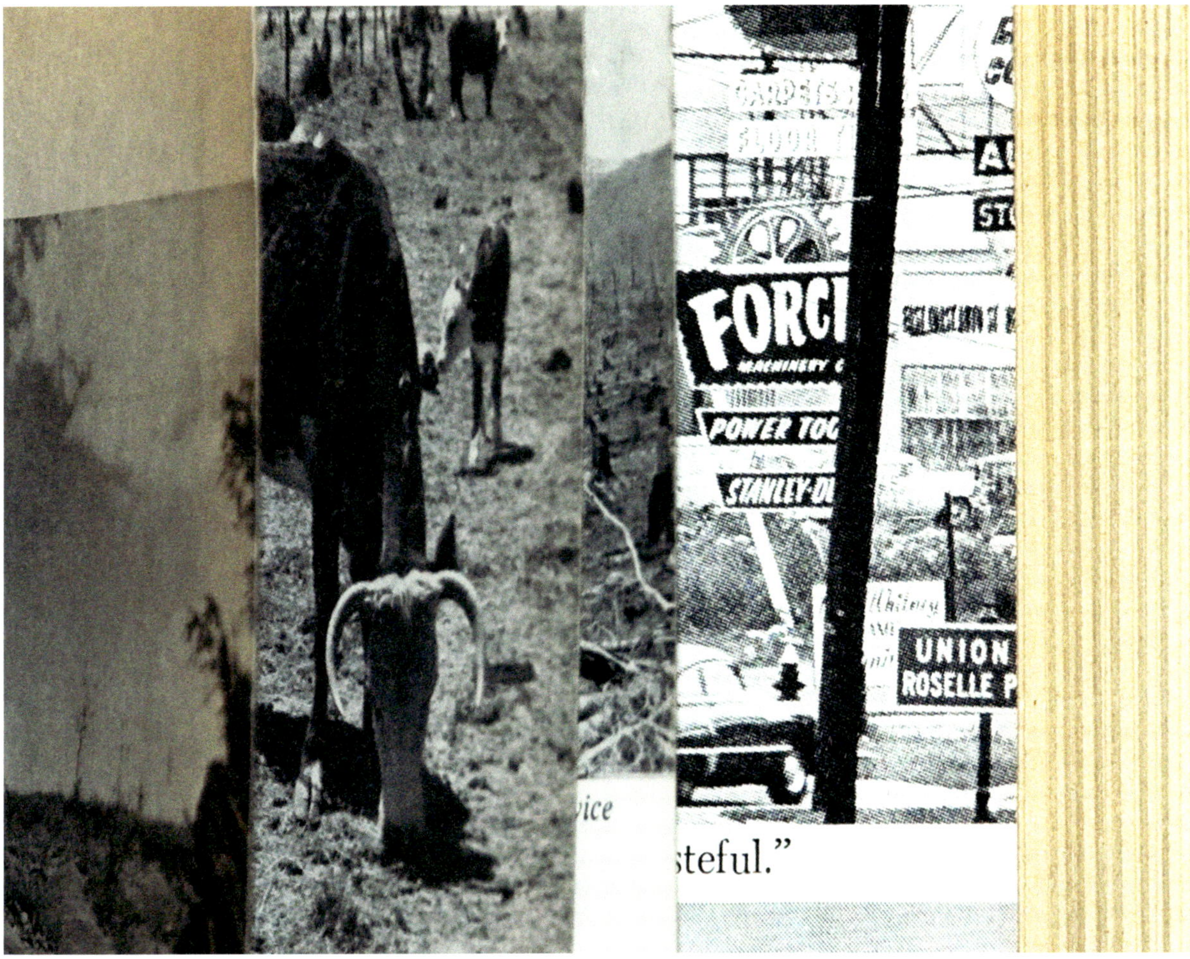

Cow
2009

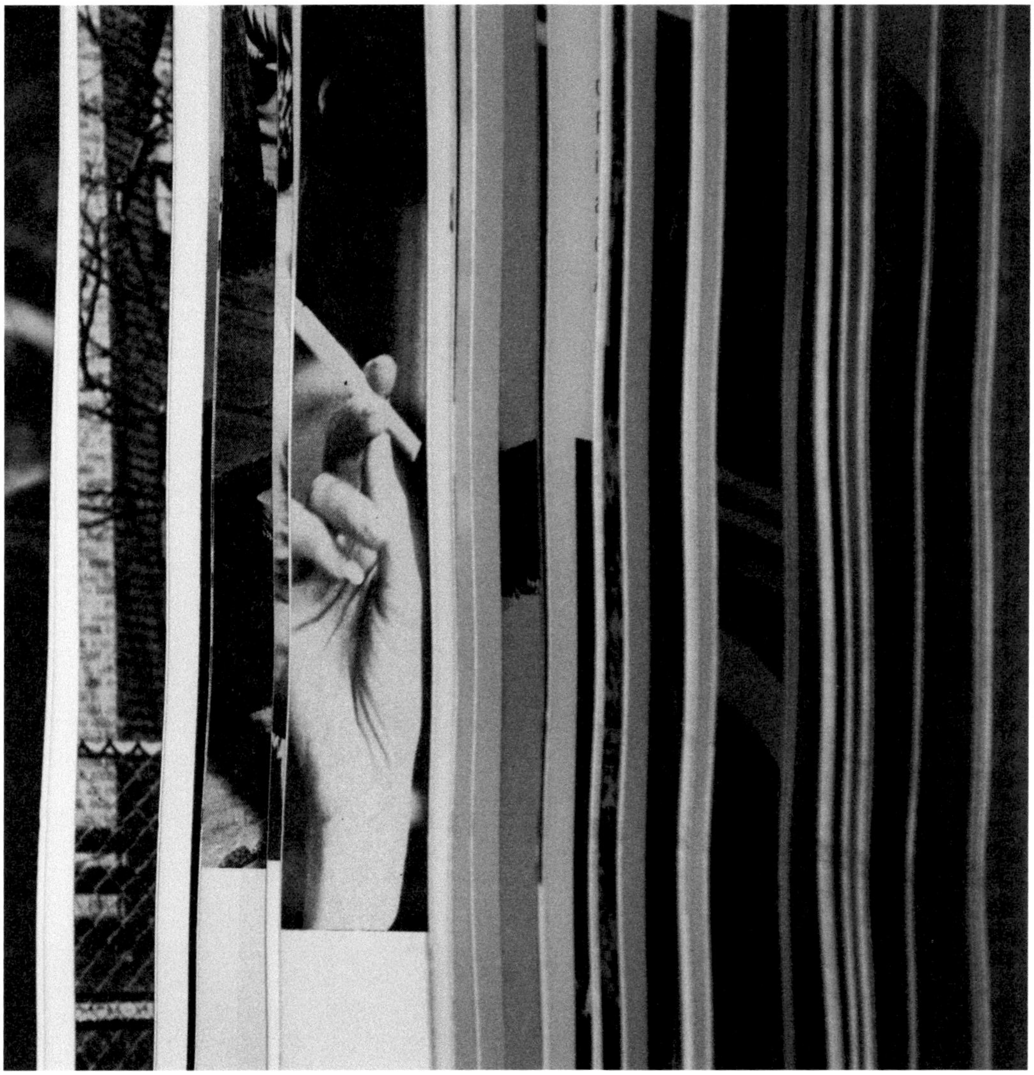

Cigarette
2010

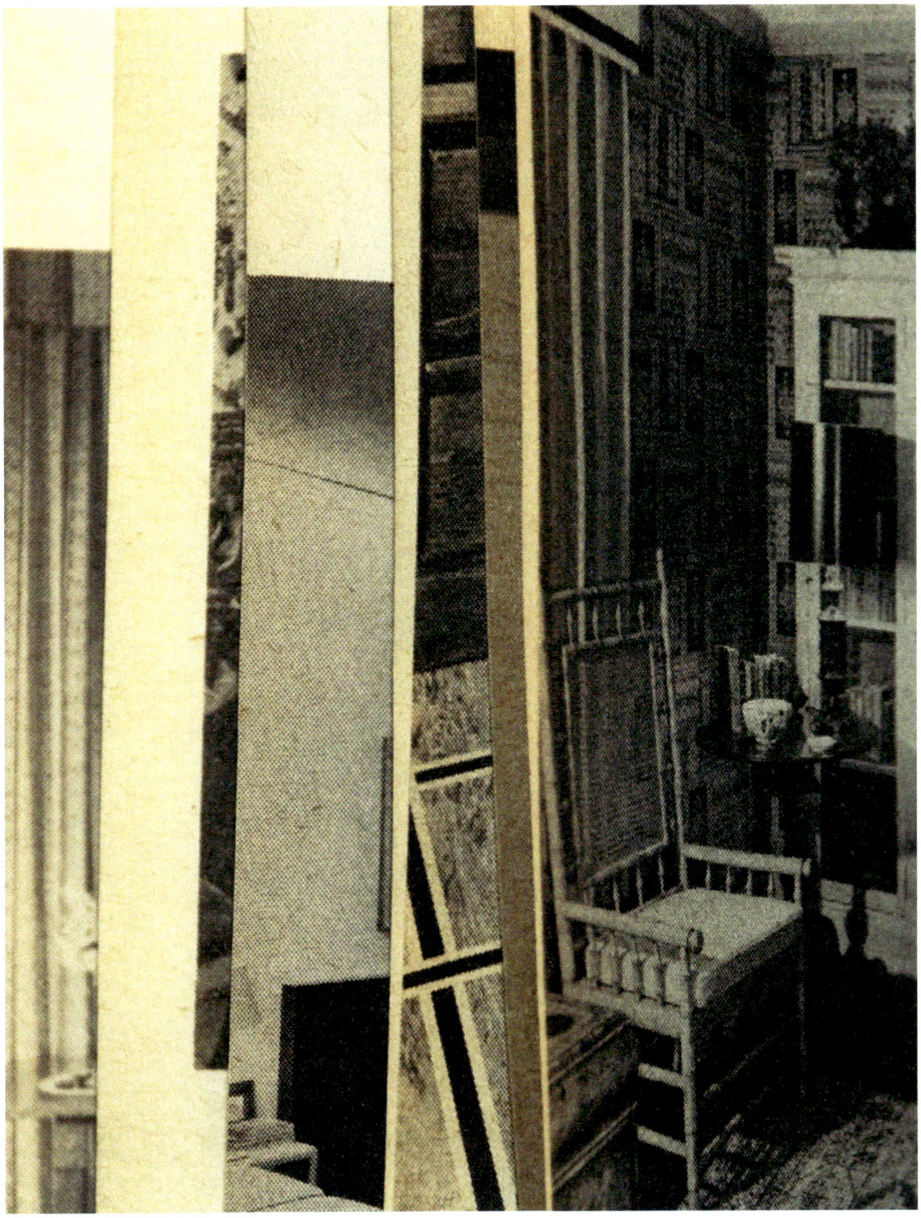

Interior Chair
2010

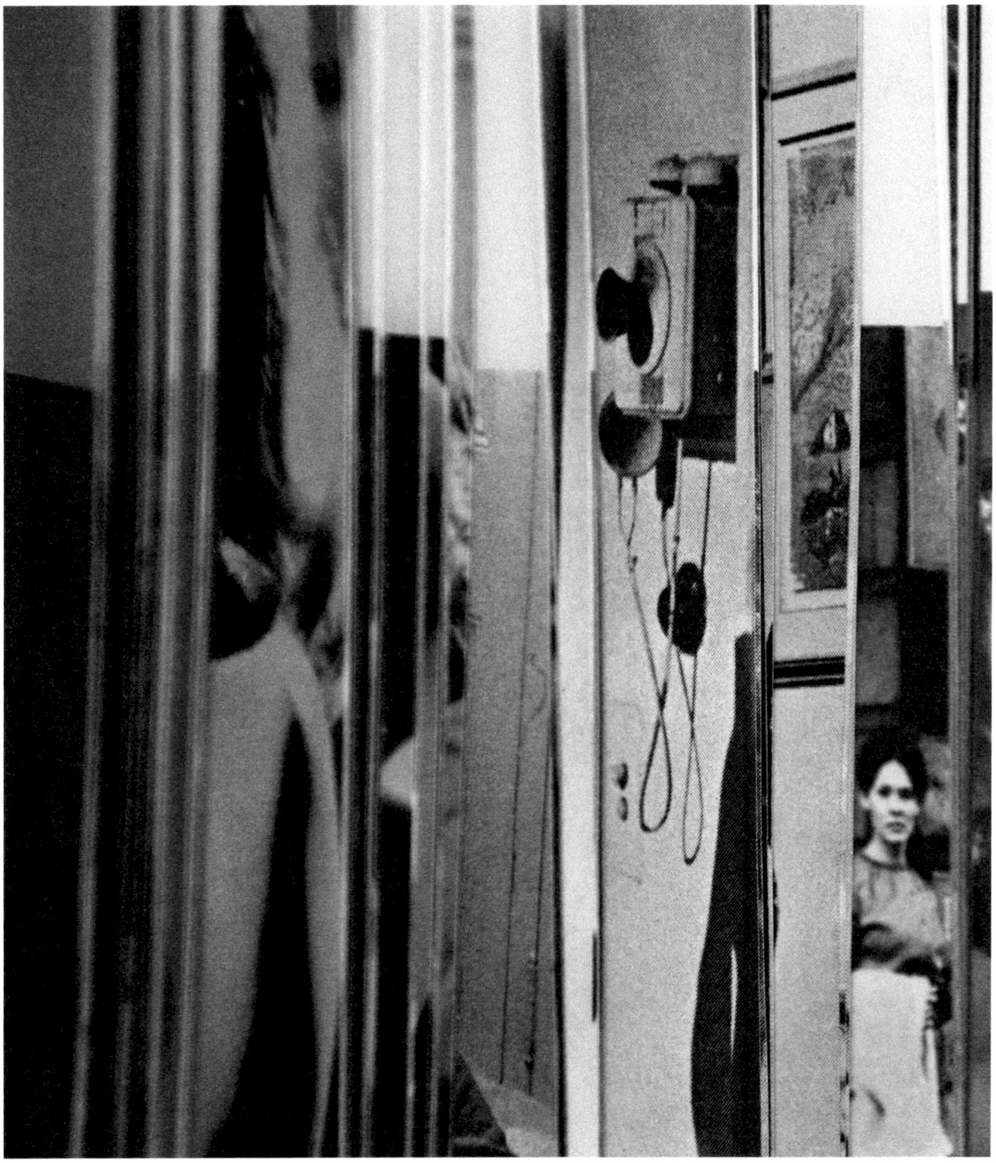

Telephone
2010

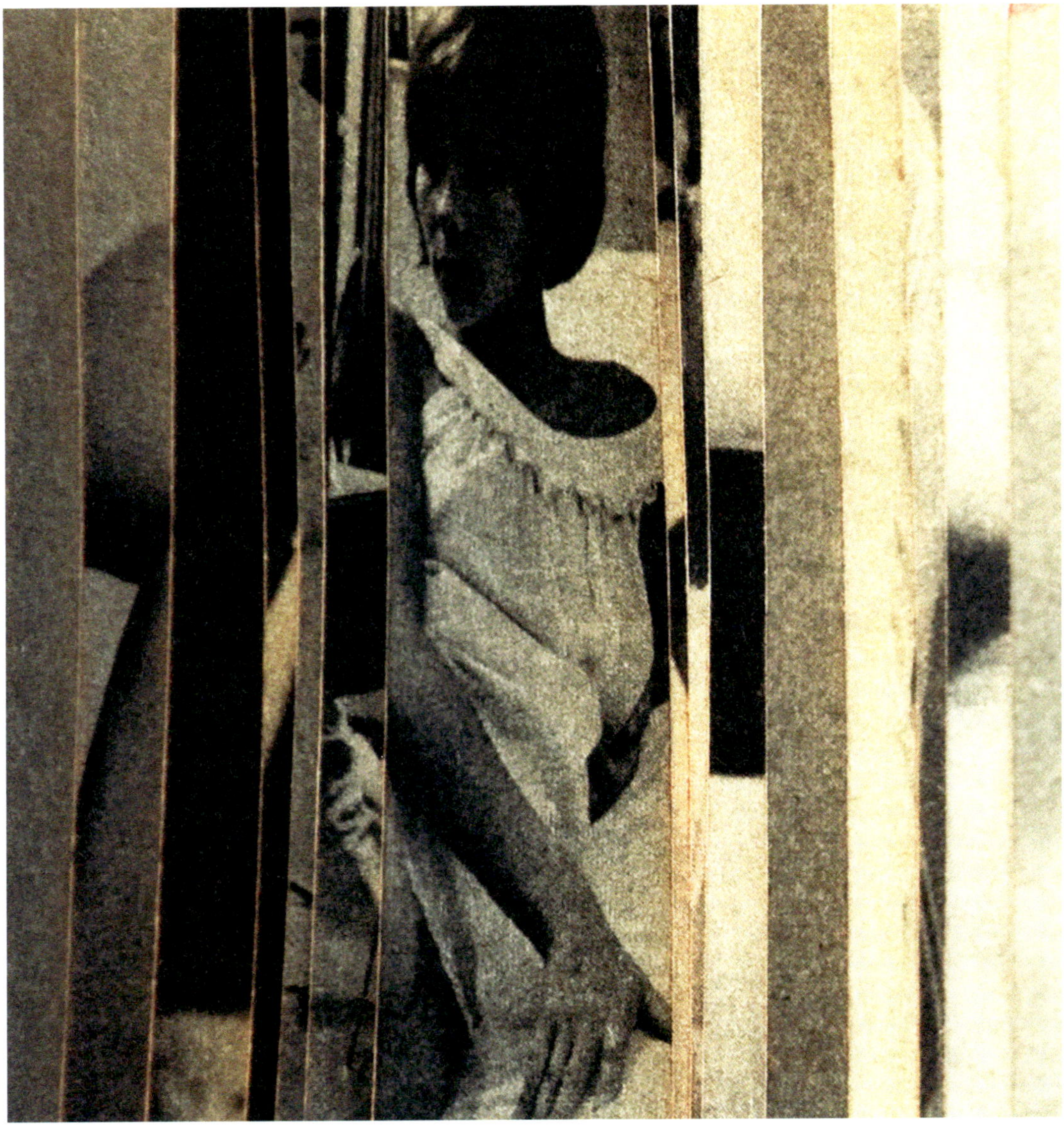

Untitled (Woman)
2010

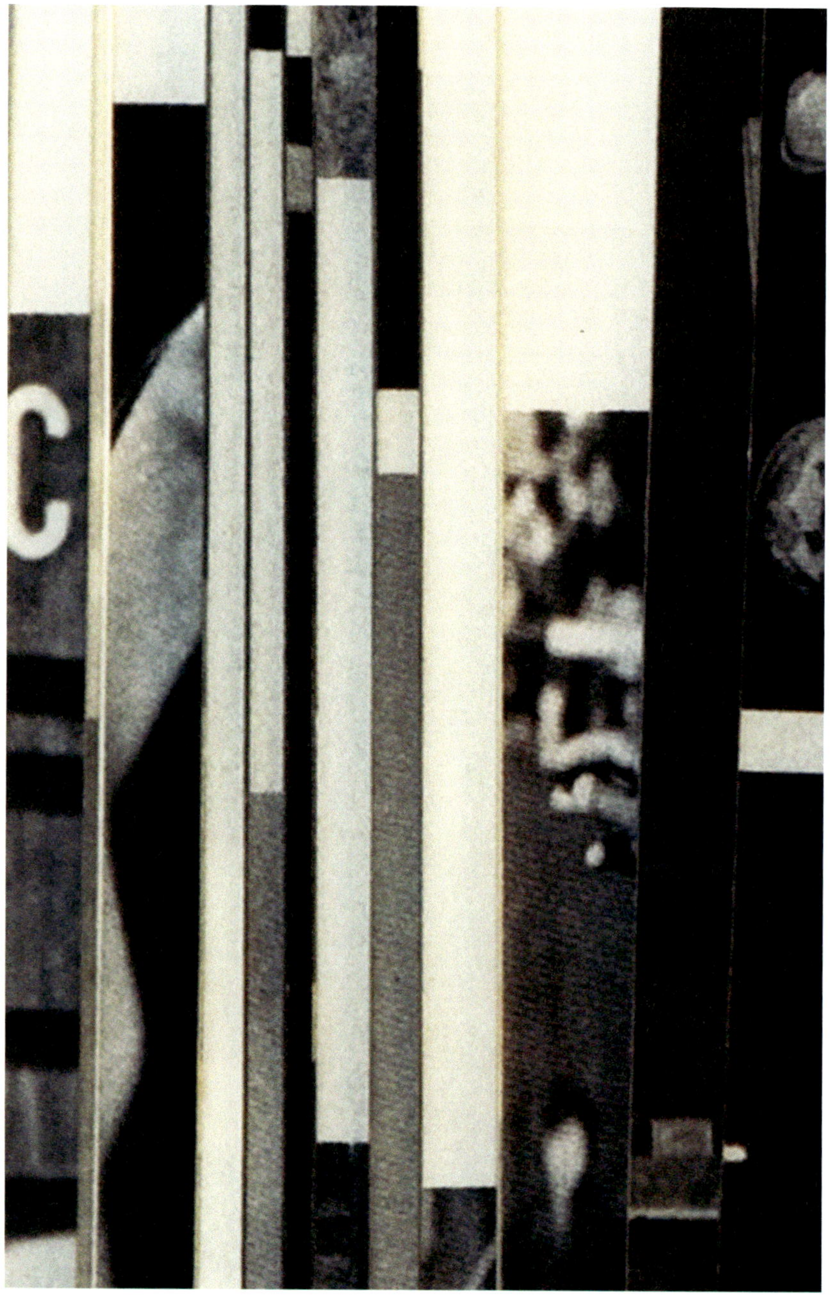

C
2011

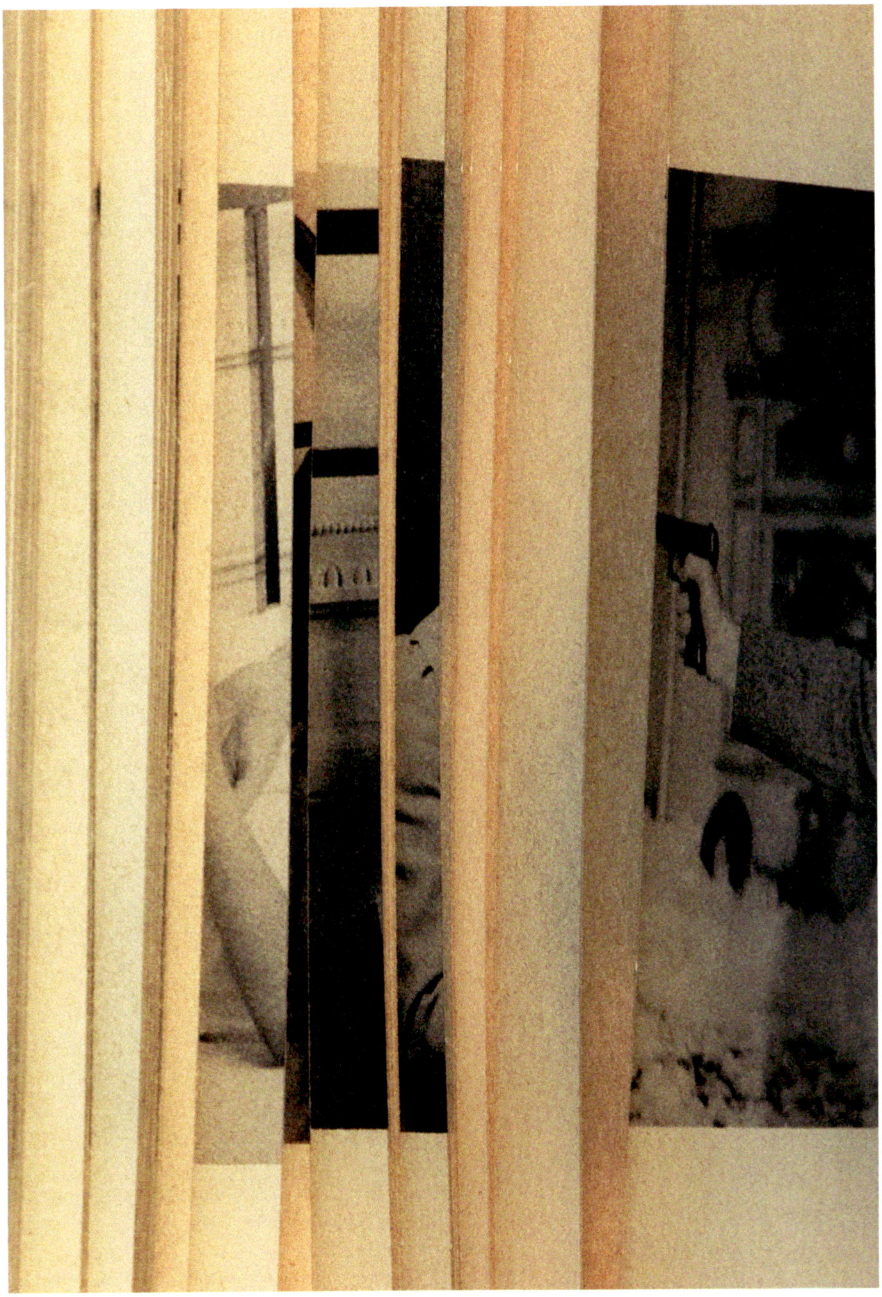

Day for Night
2011

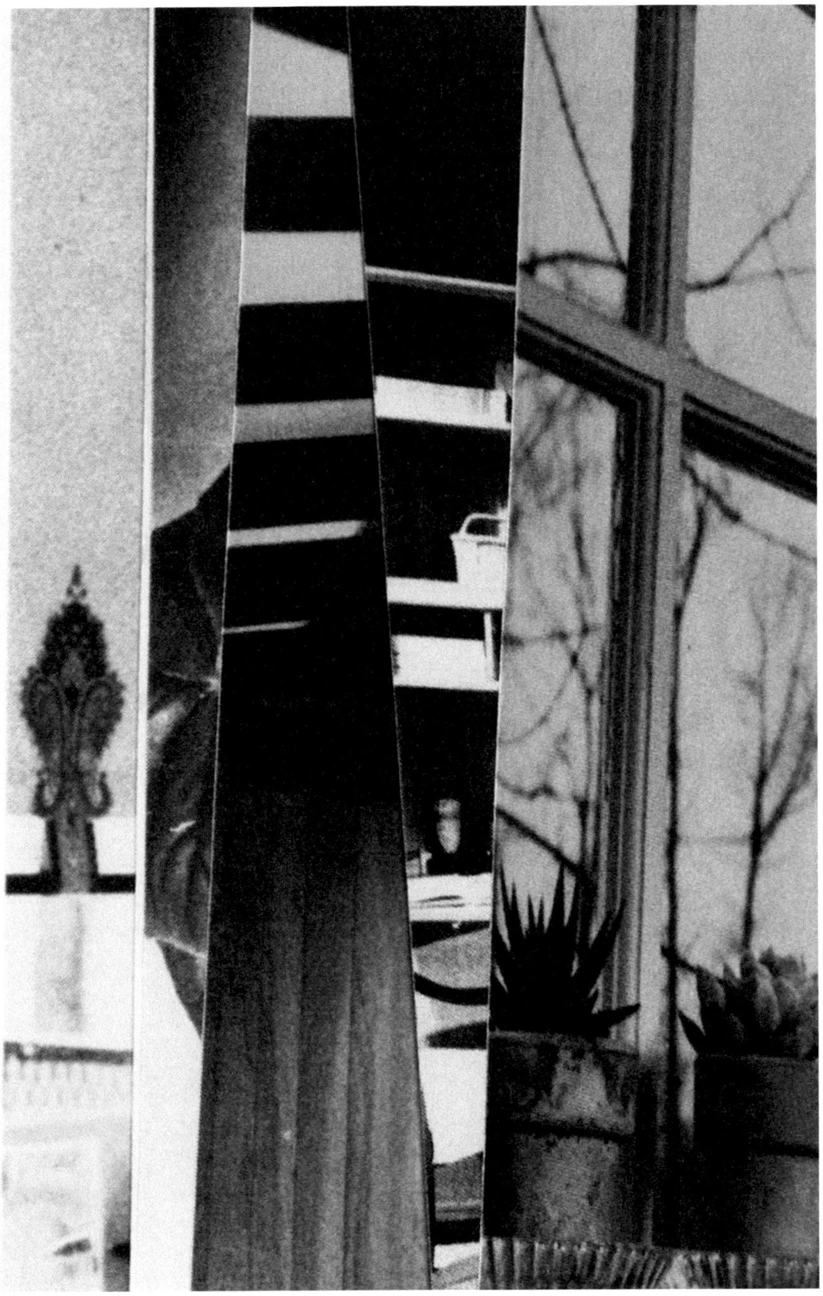

Flowerpots
2011

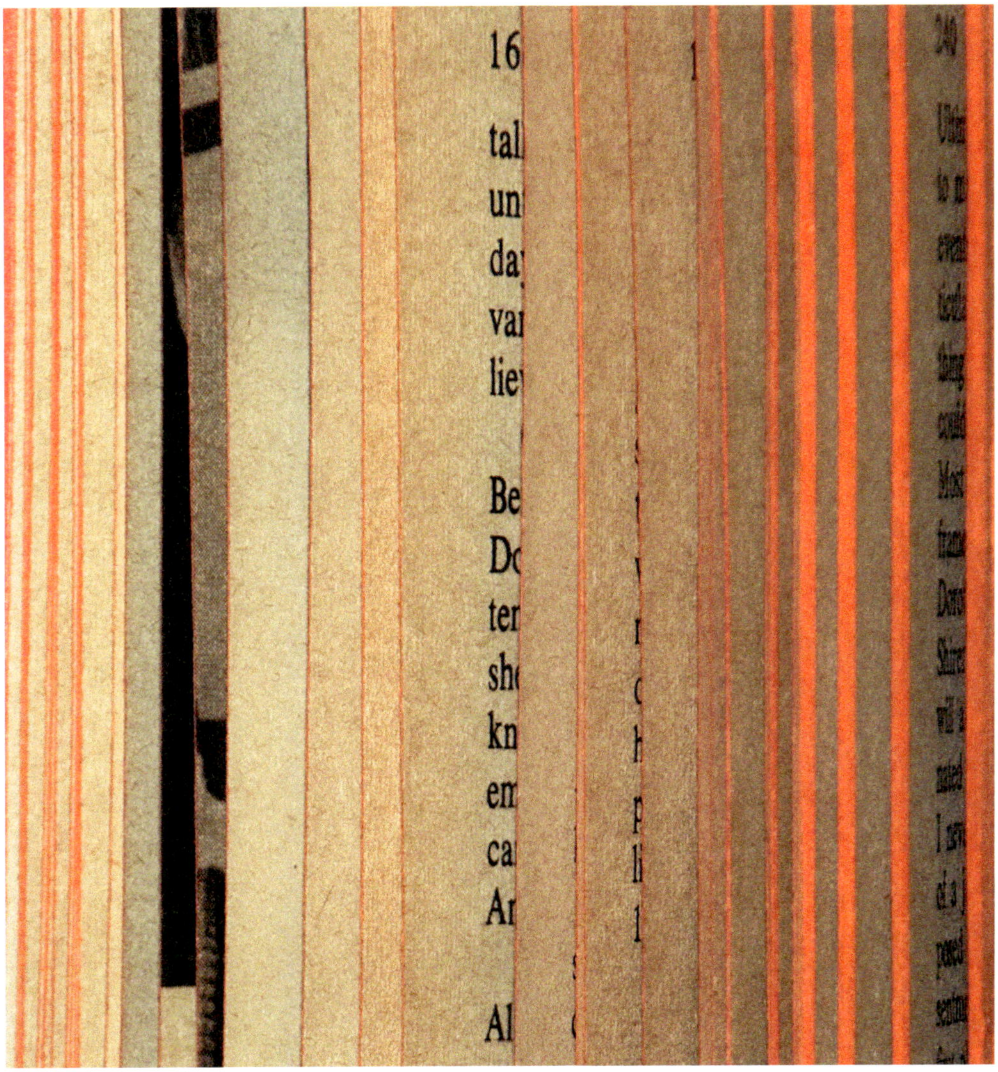

Red Lines
2010

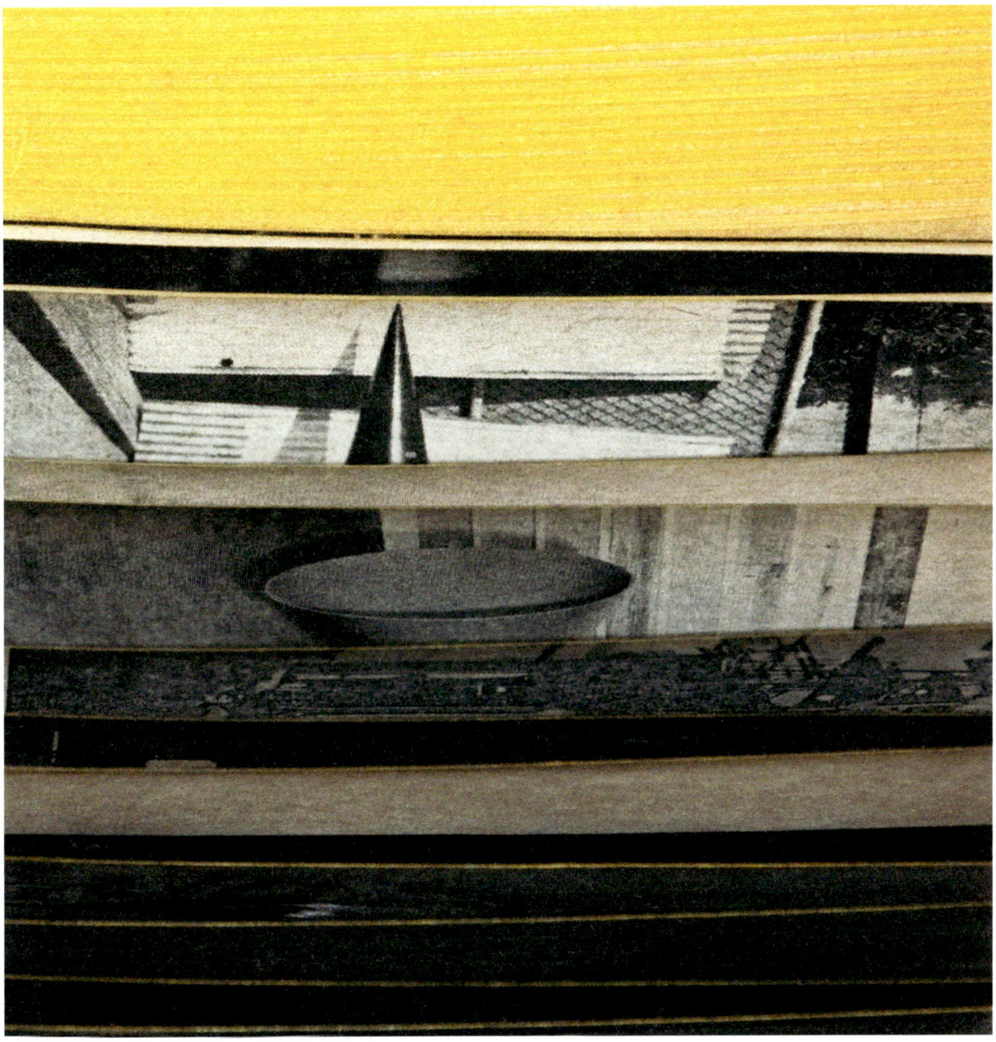

Yellow Space
2010

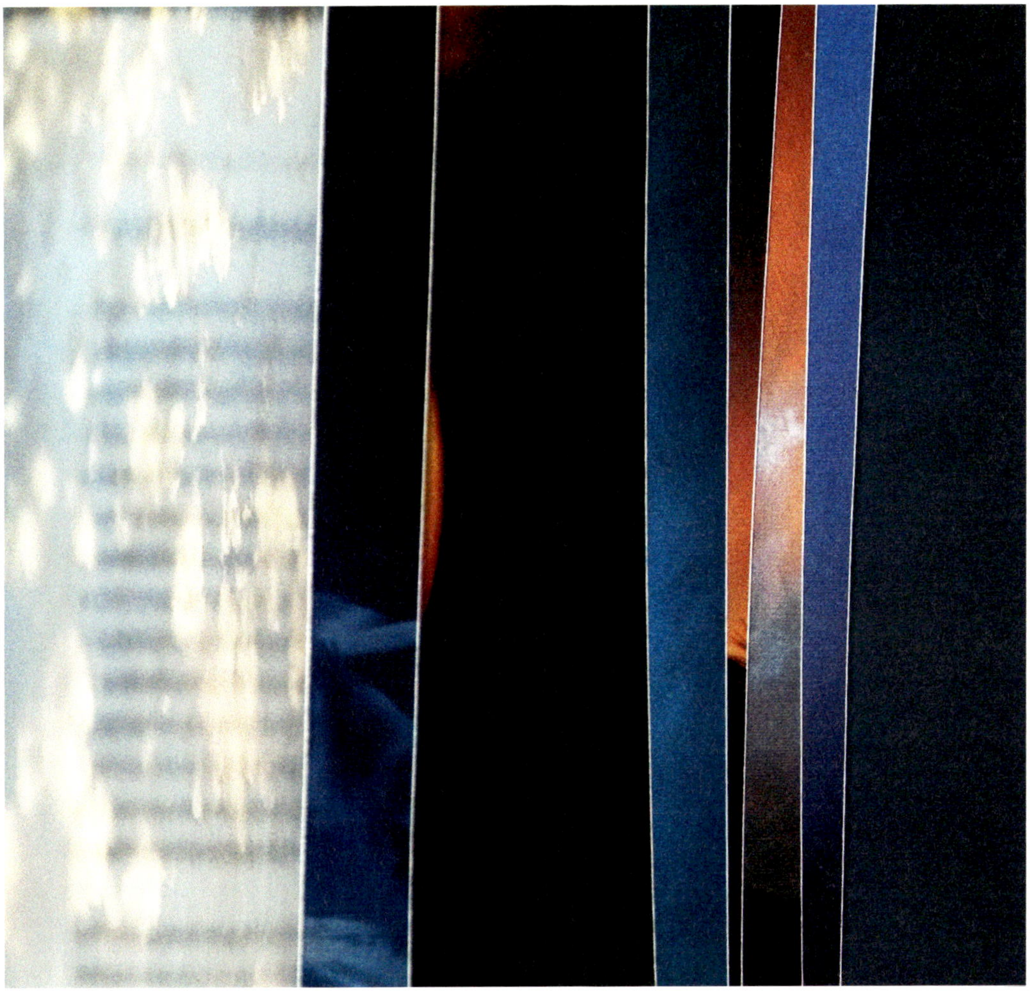

Nebulous 55
2011

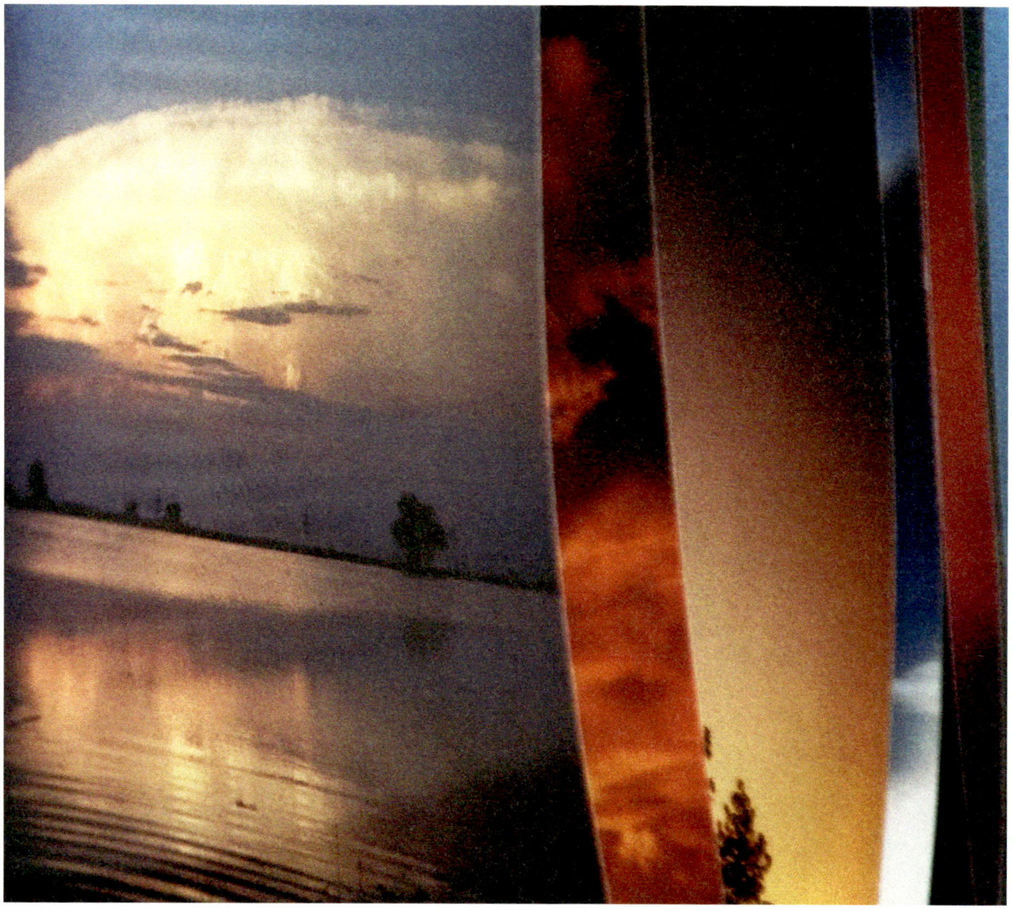

Nebulous 56
2011

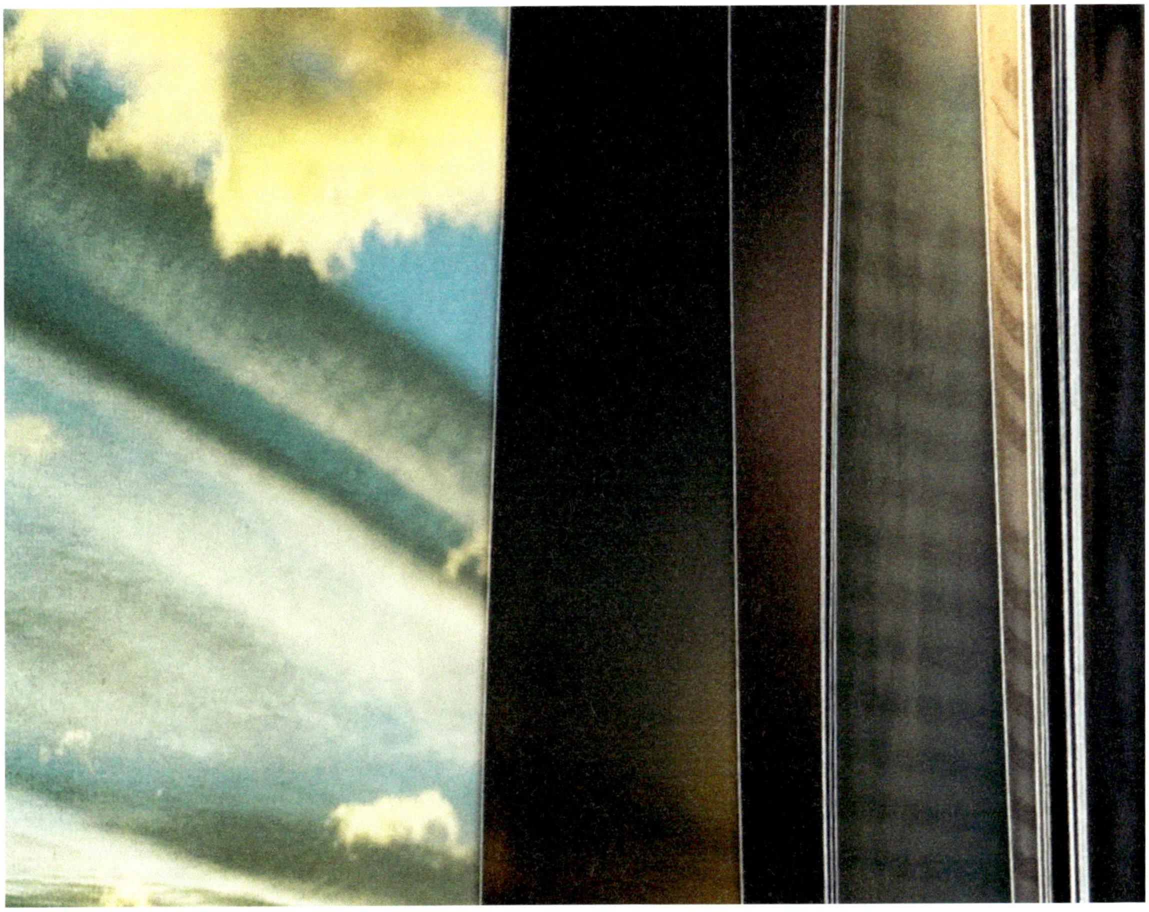

Nebulous 63
2011

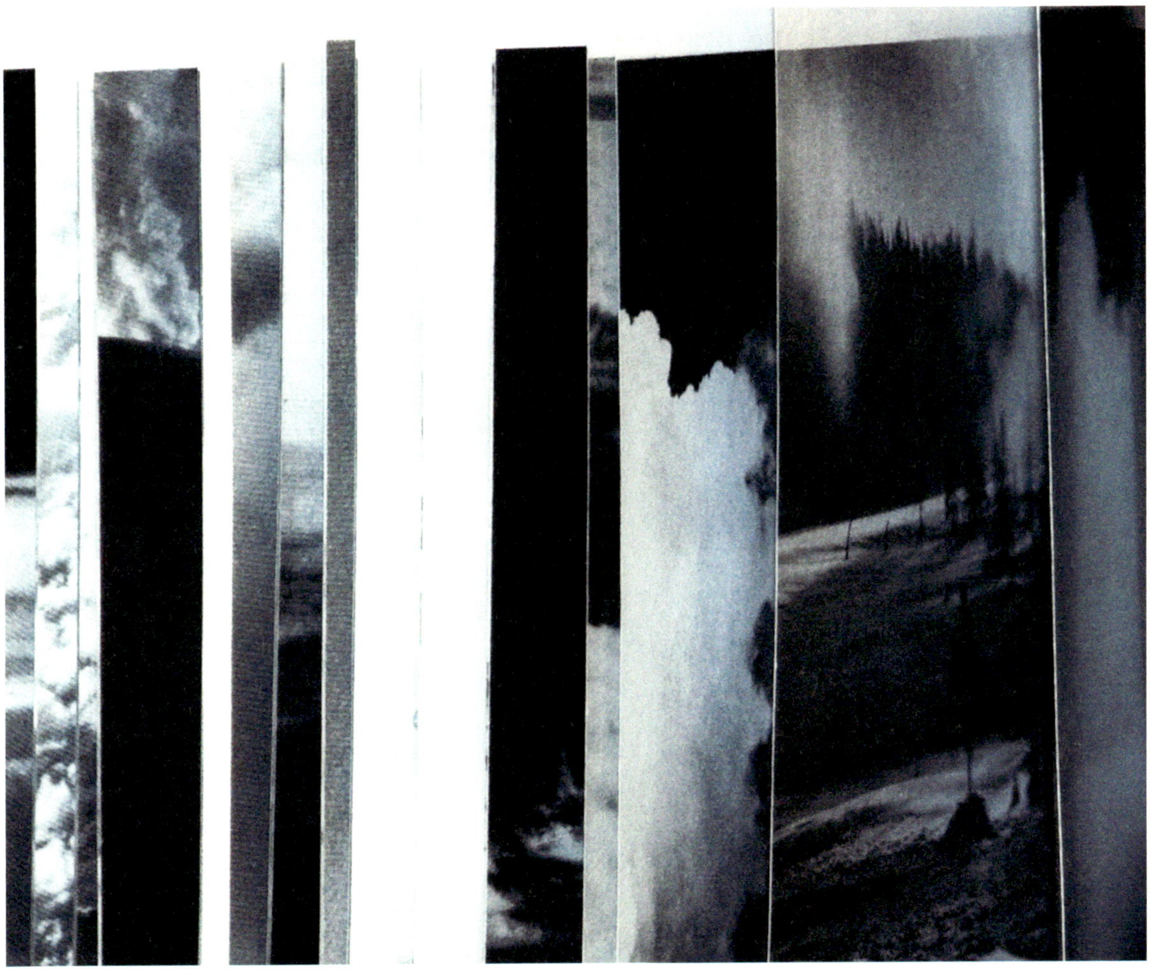

Nebulous 24
2011

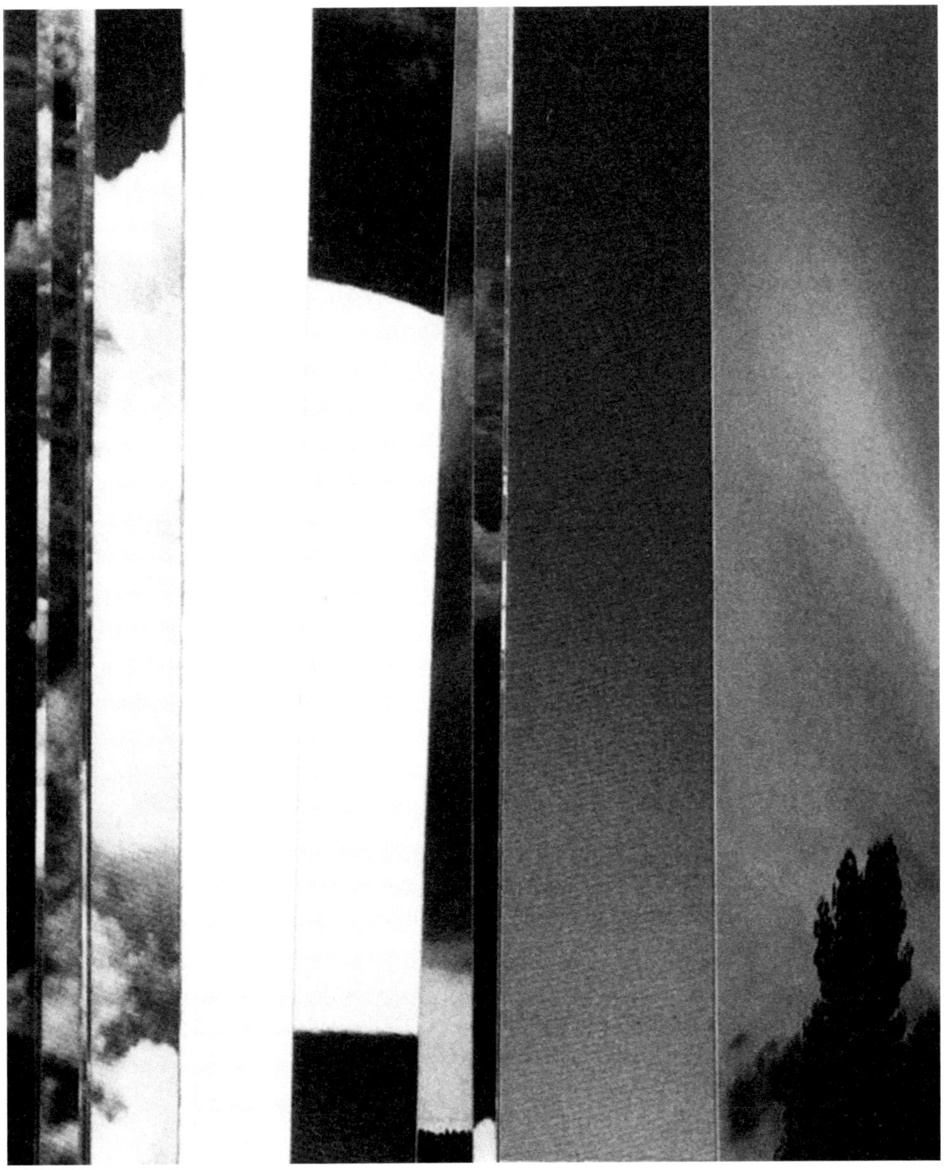

Nebulous 2
2011

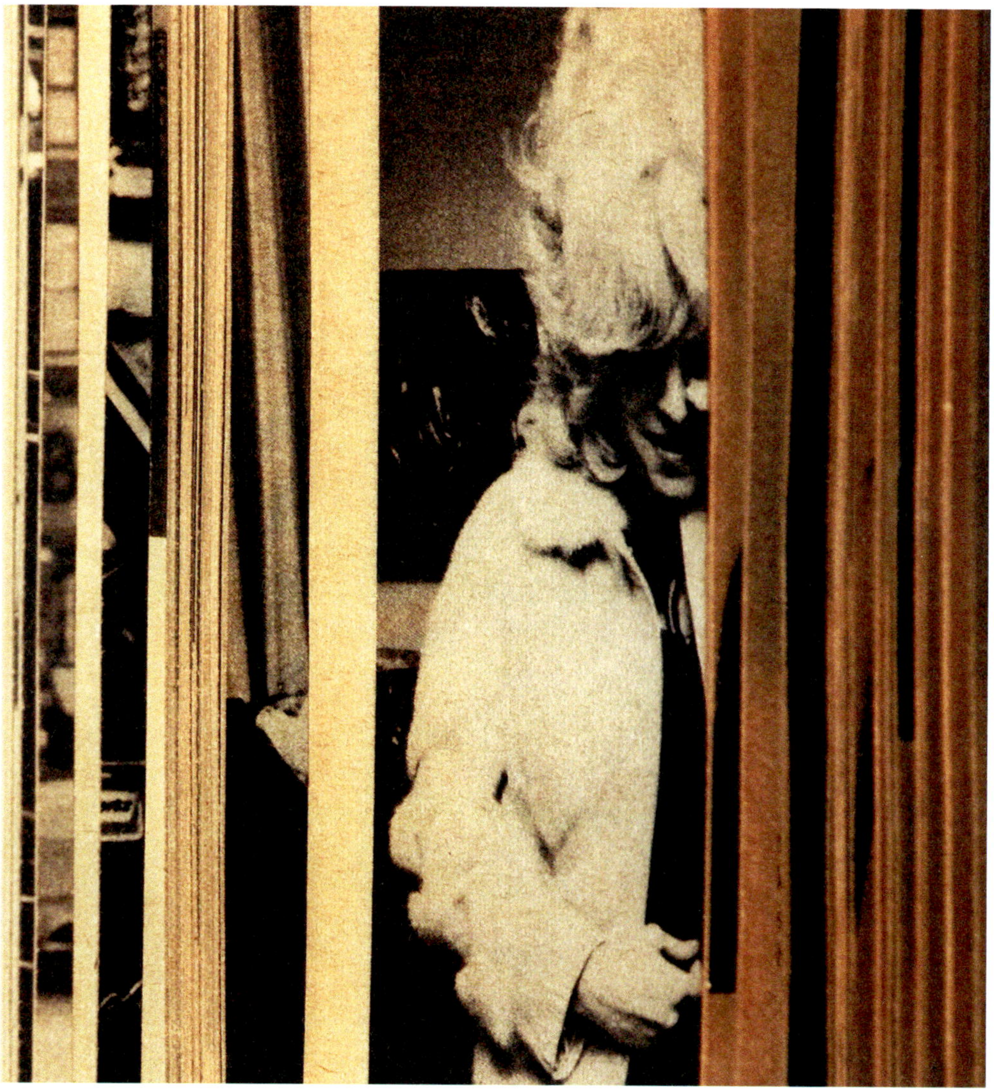

Blonde
2012

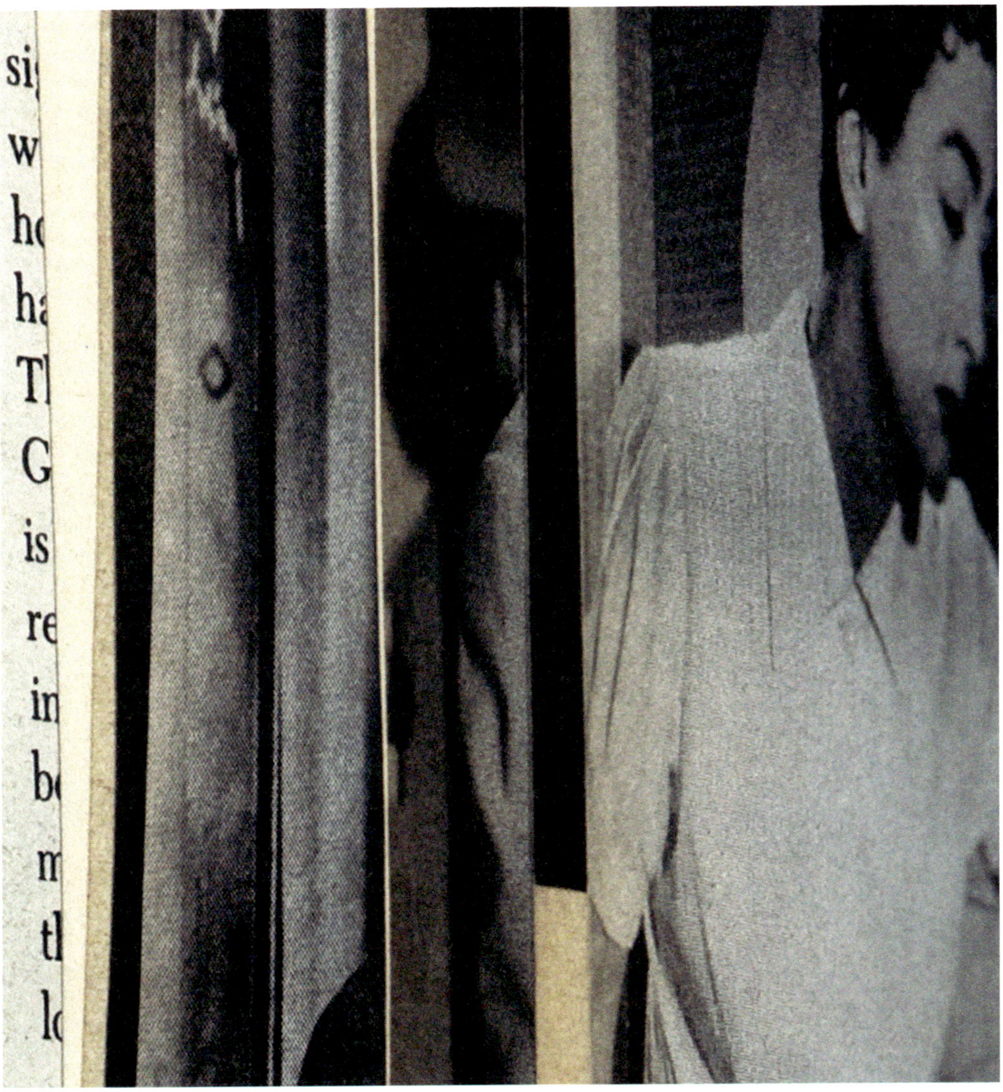

Joan
2012

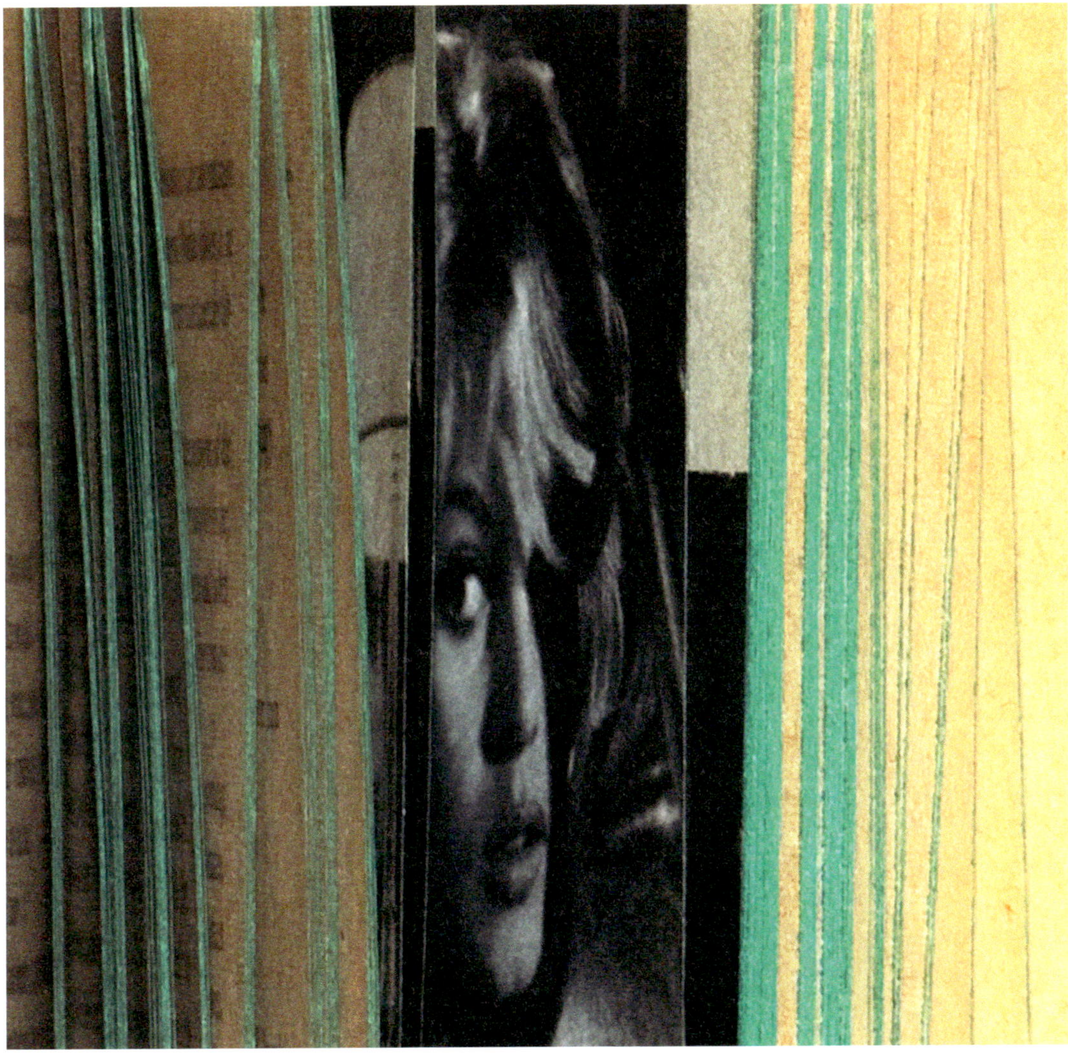

Shift
2012

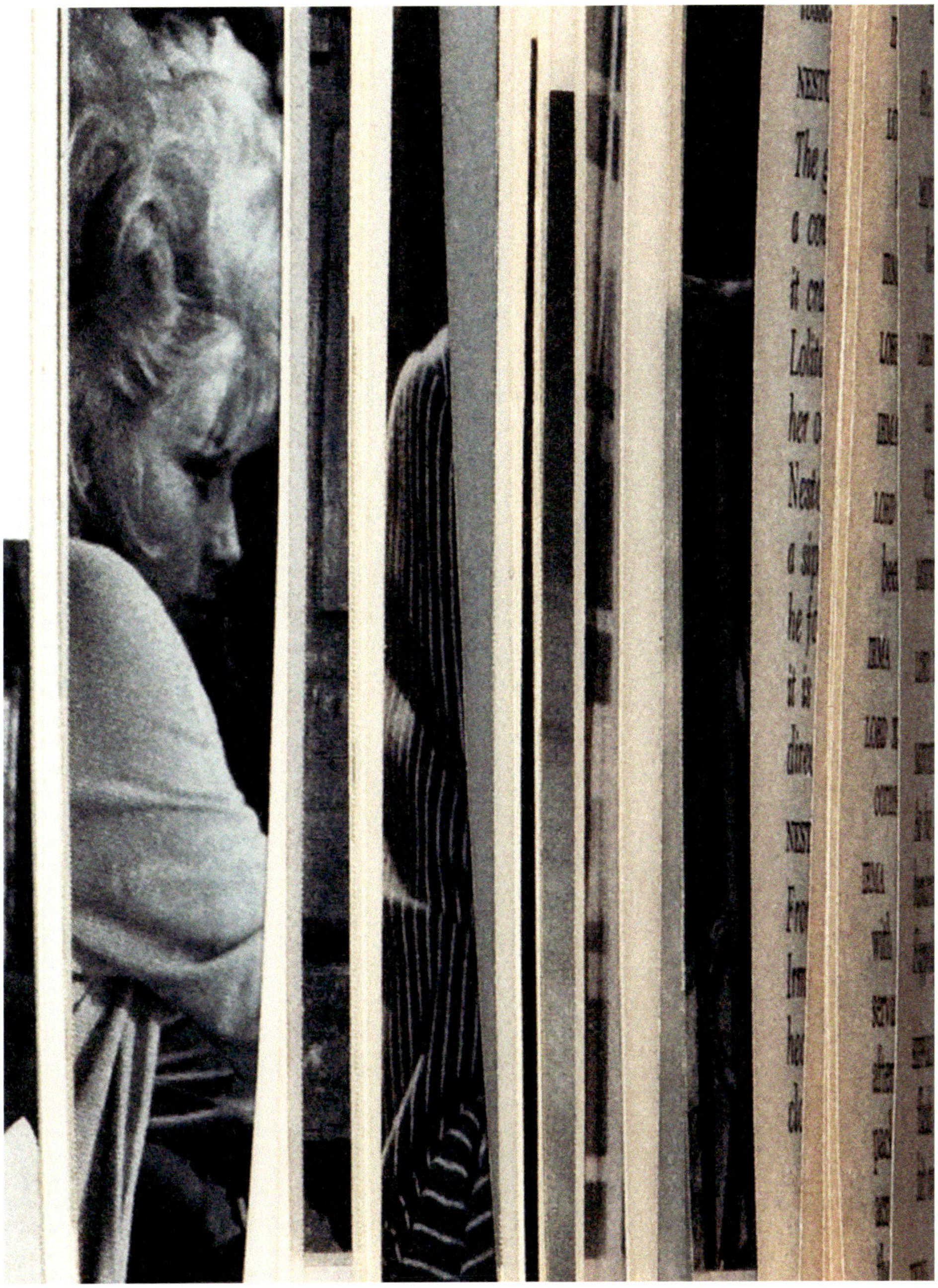

Irma
2012

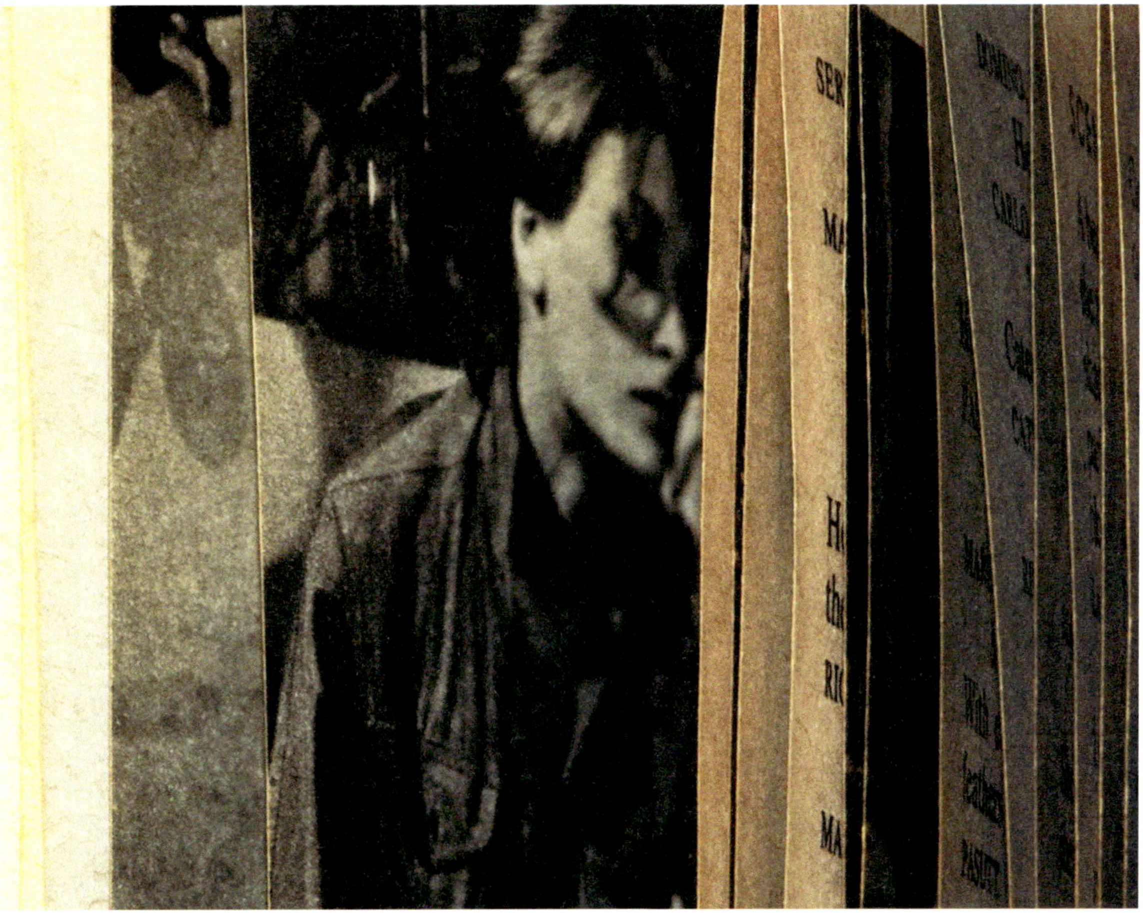

Nora
2012

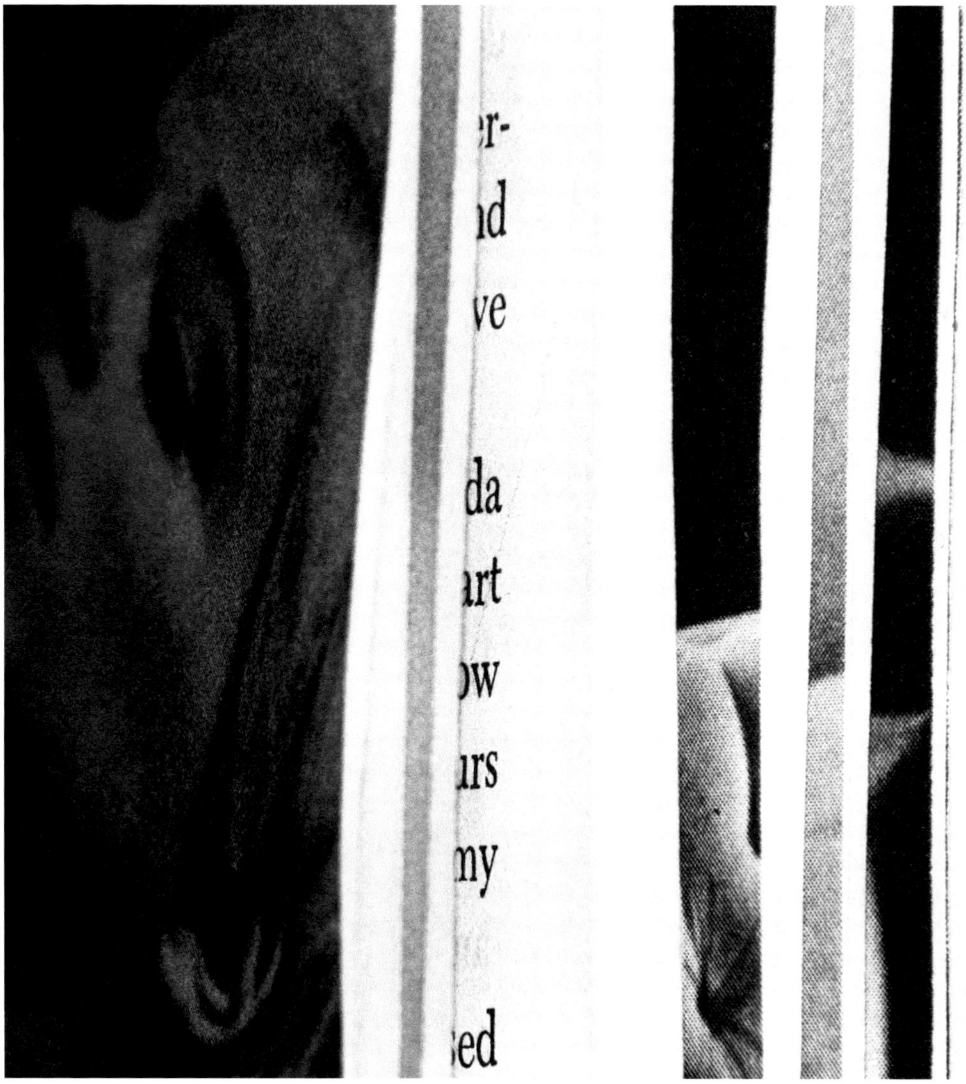

Dolores
2012

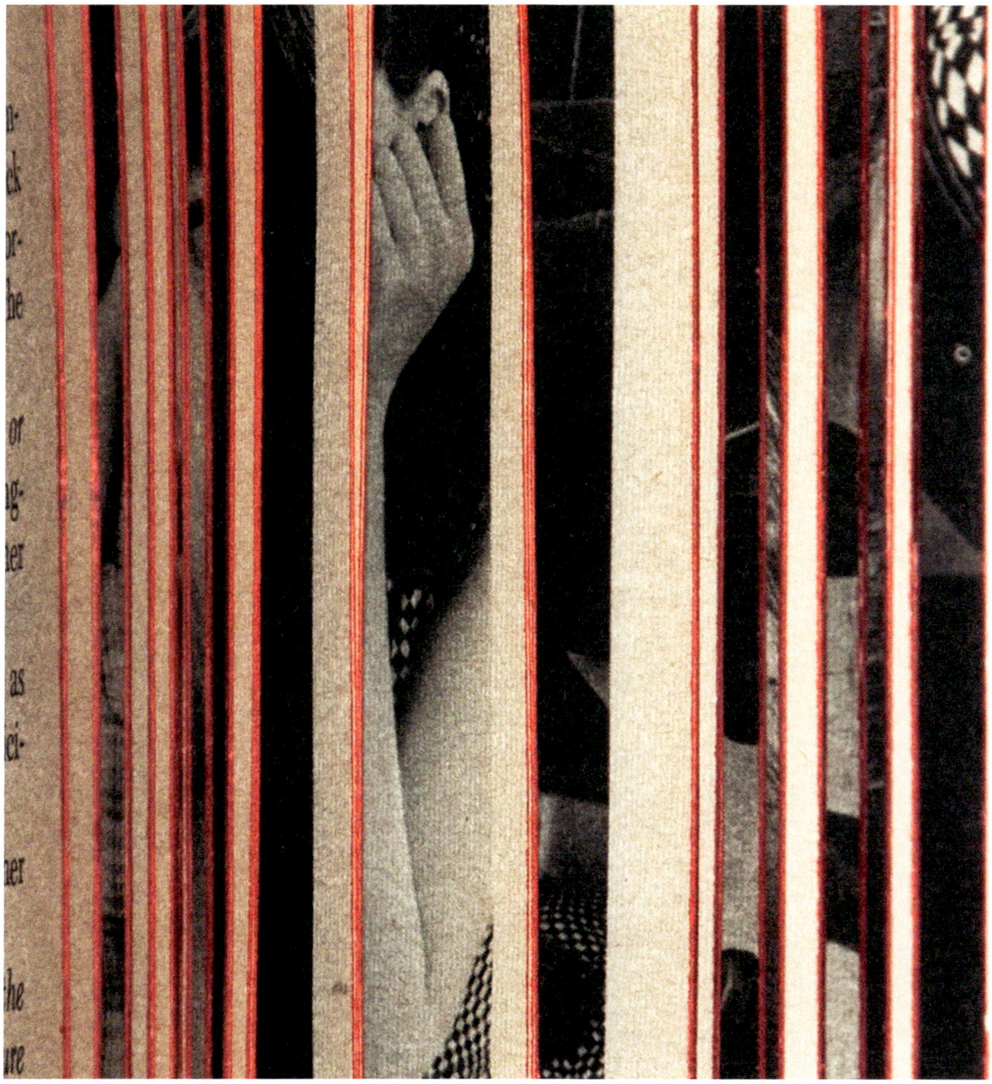

Listen
2013

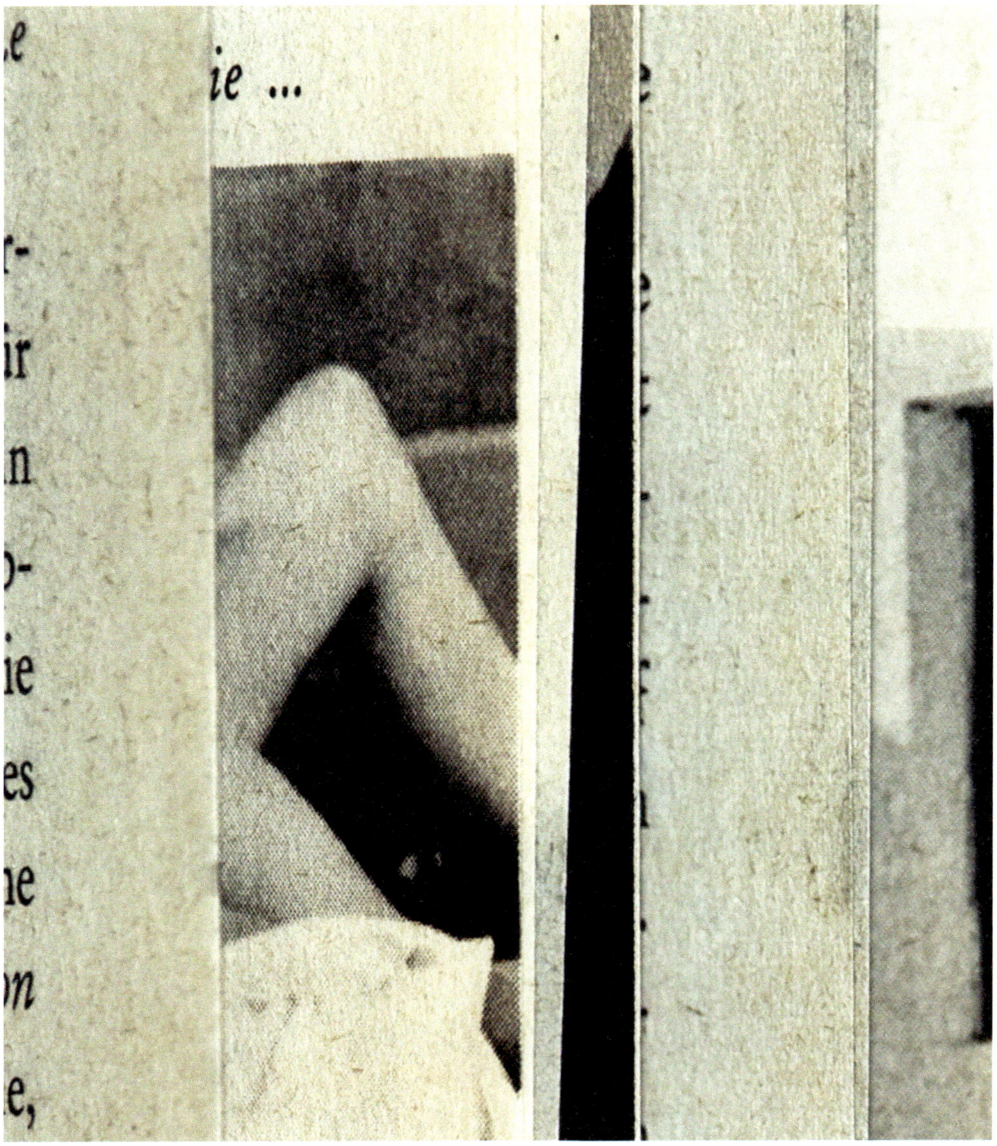

i.e.
2012

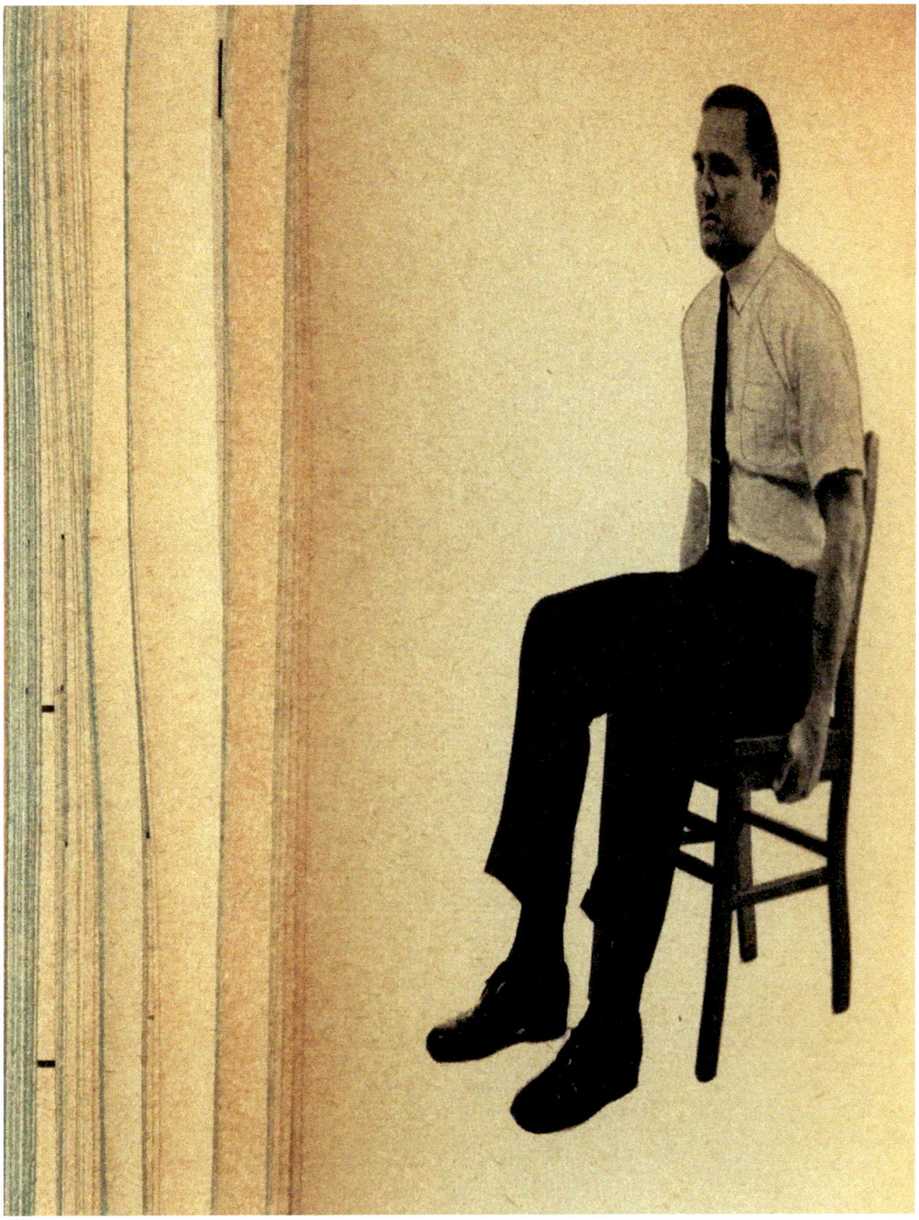

Seminar
2012

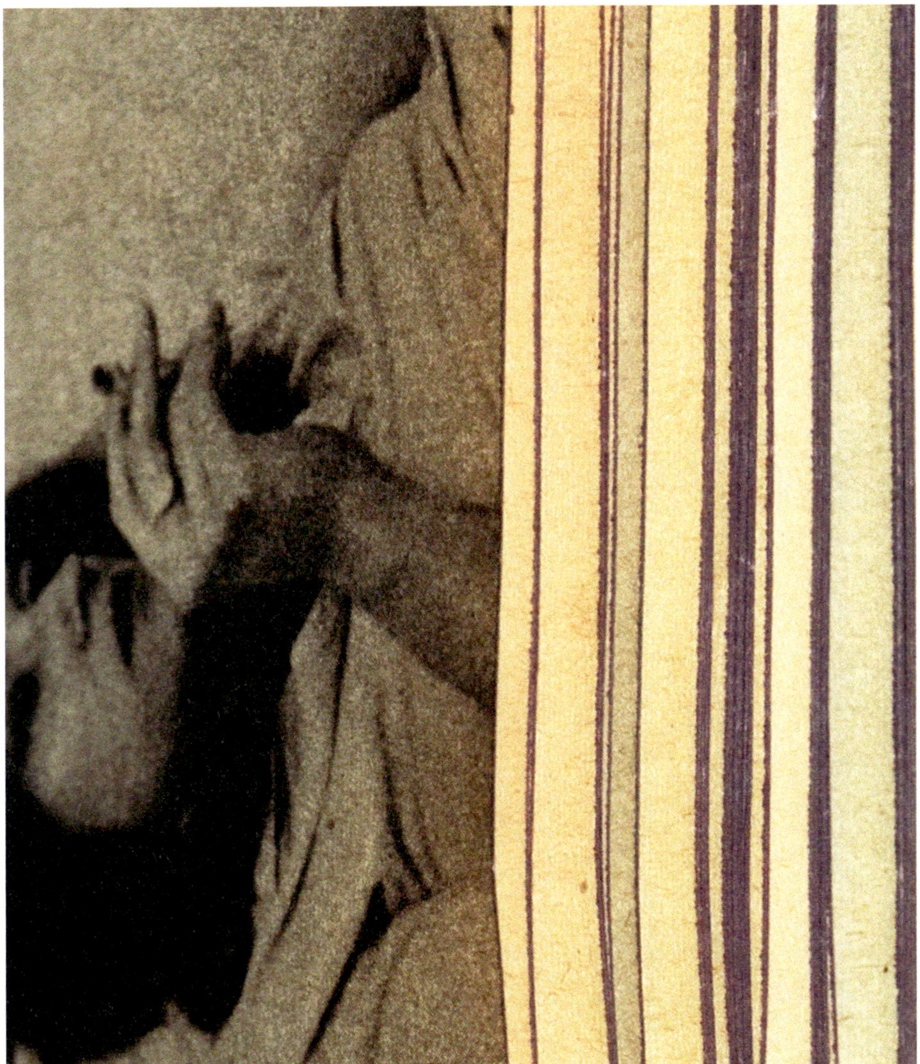

Session
2012

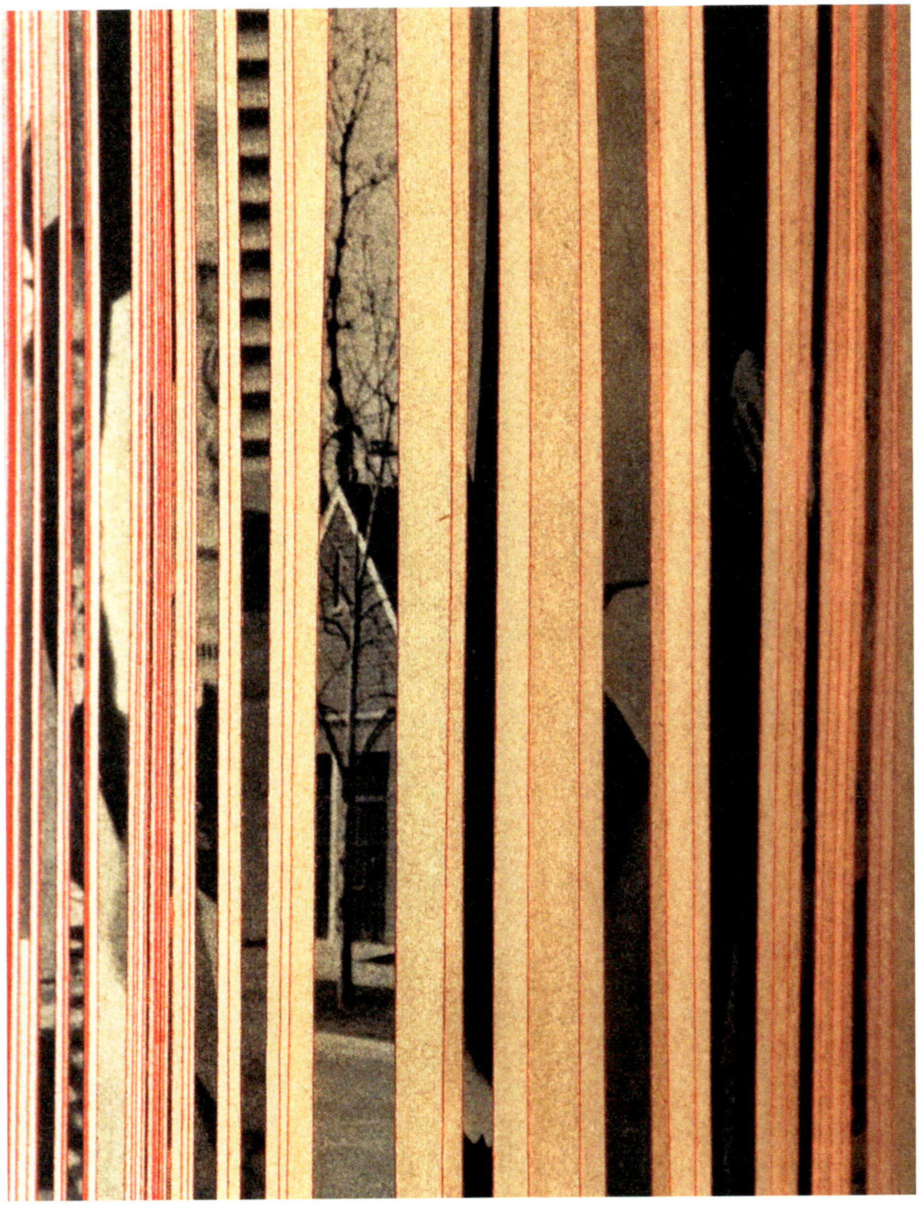

House
2012

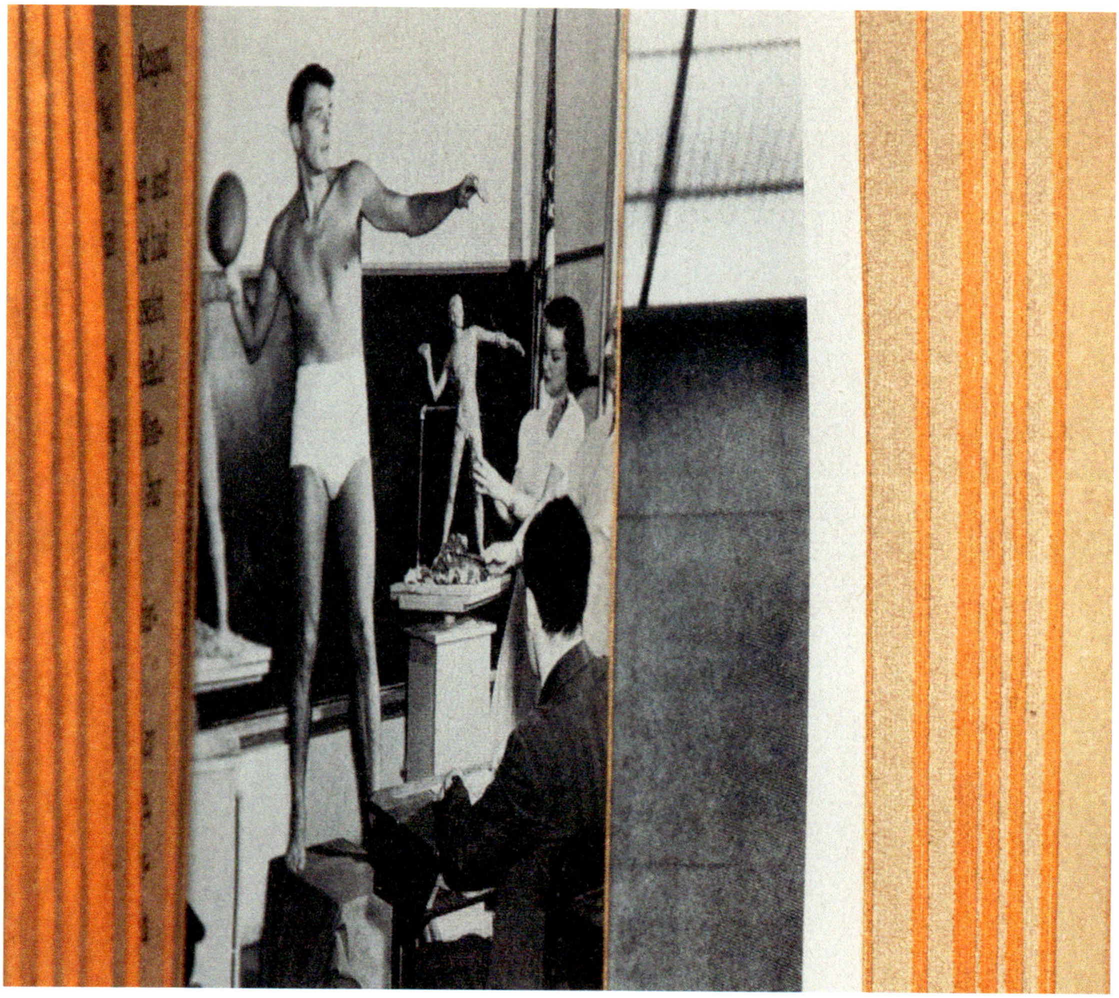

Reagan
2013

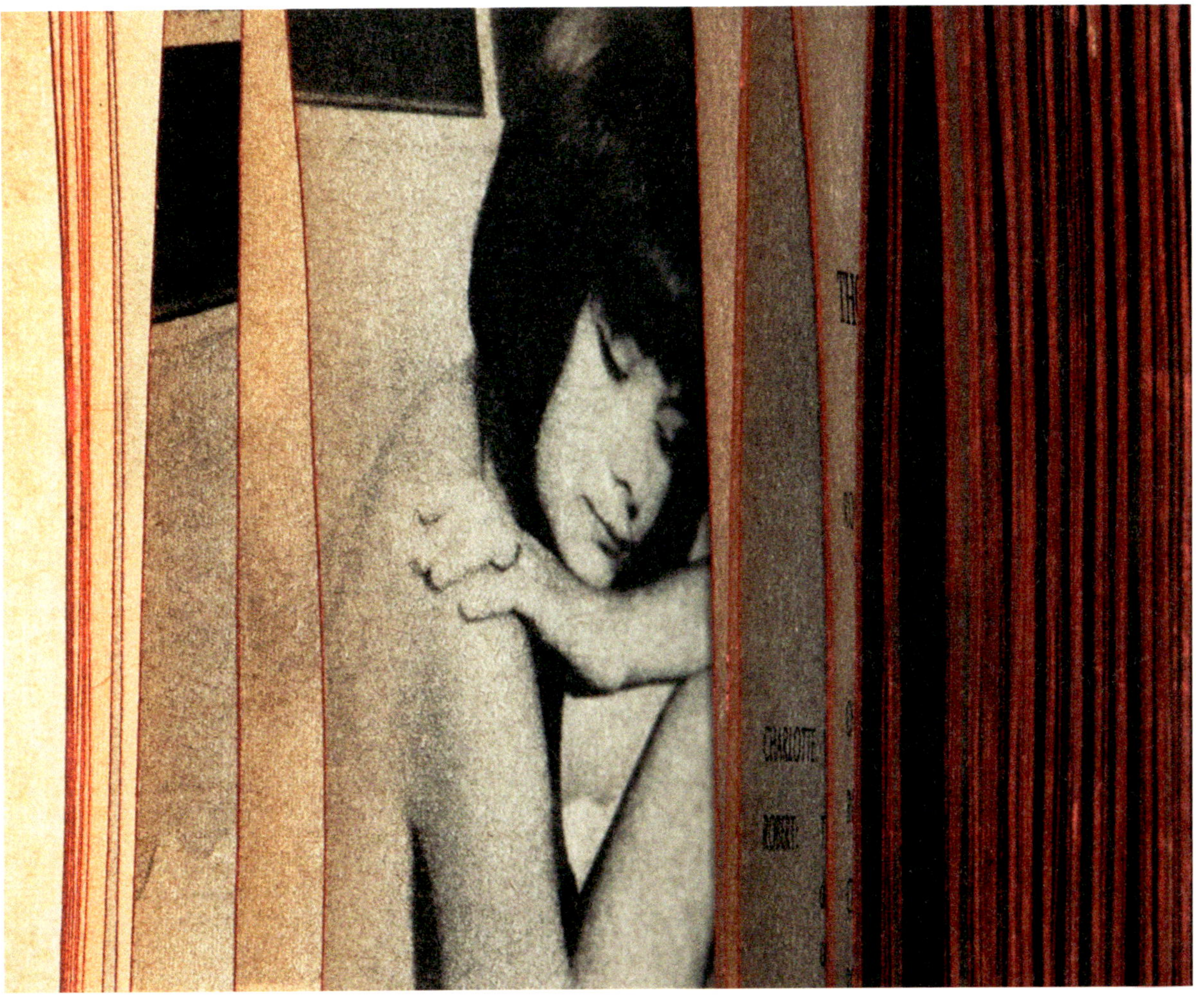

Clara
2013

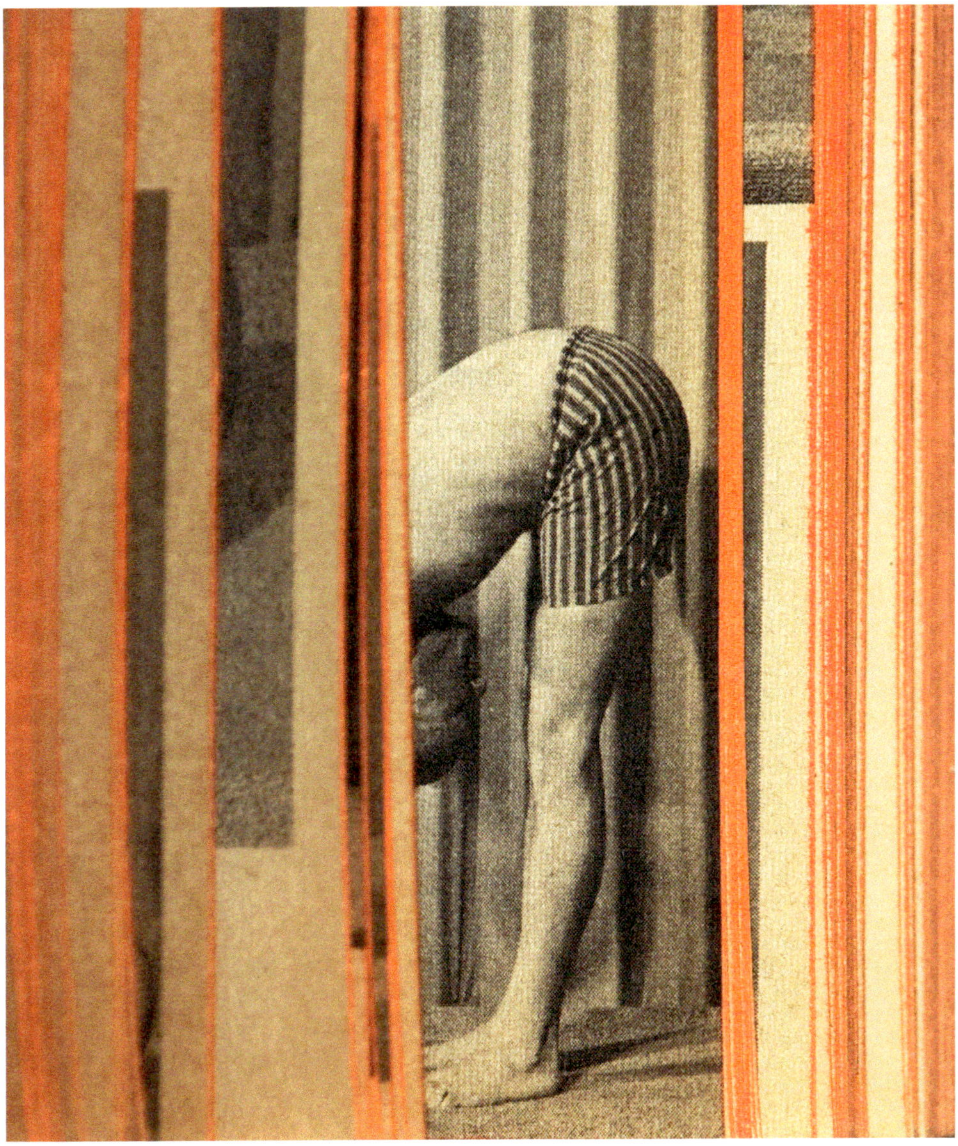

Head Bend
2013

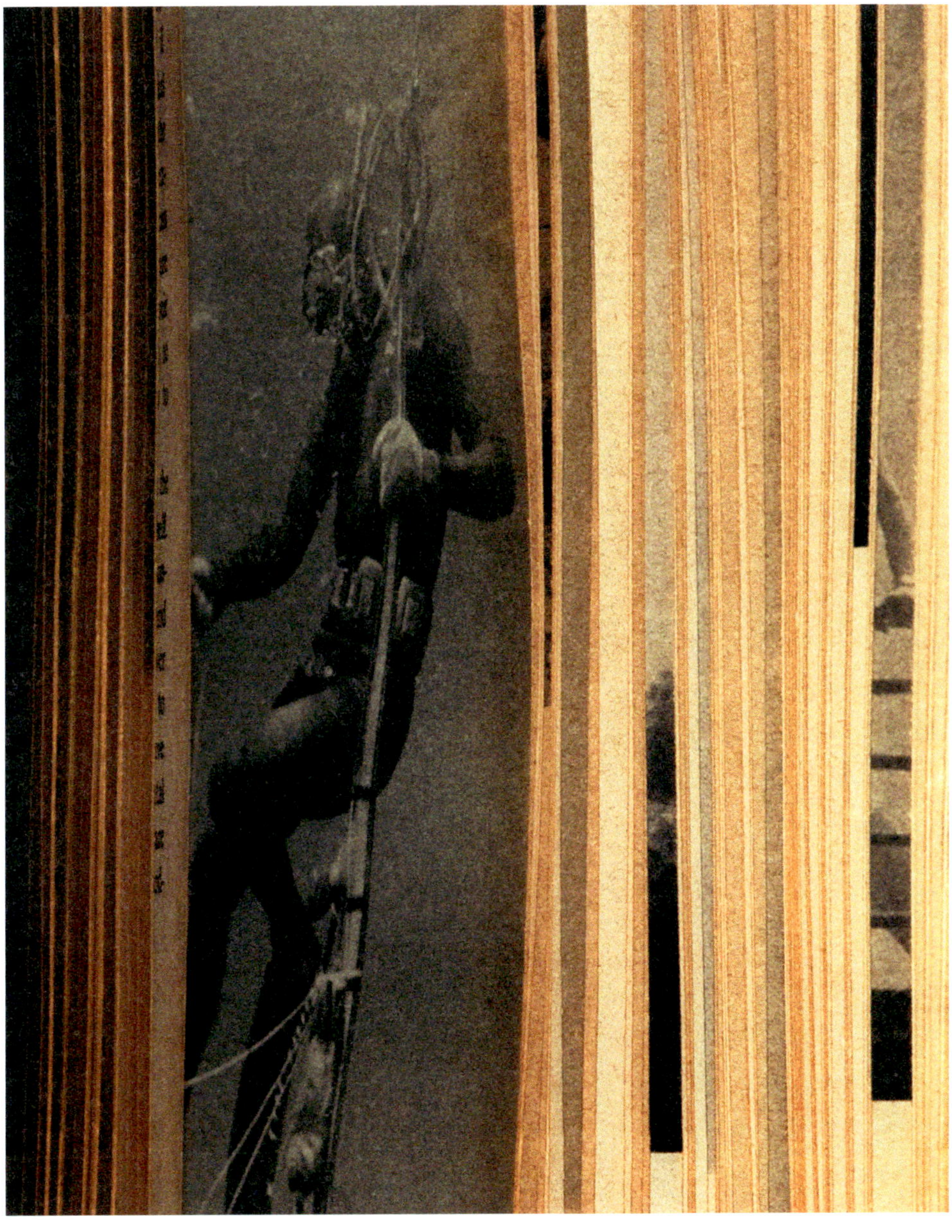

Scuba
2013

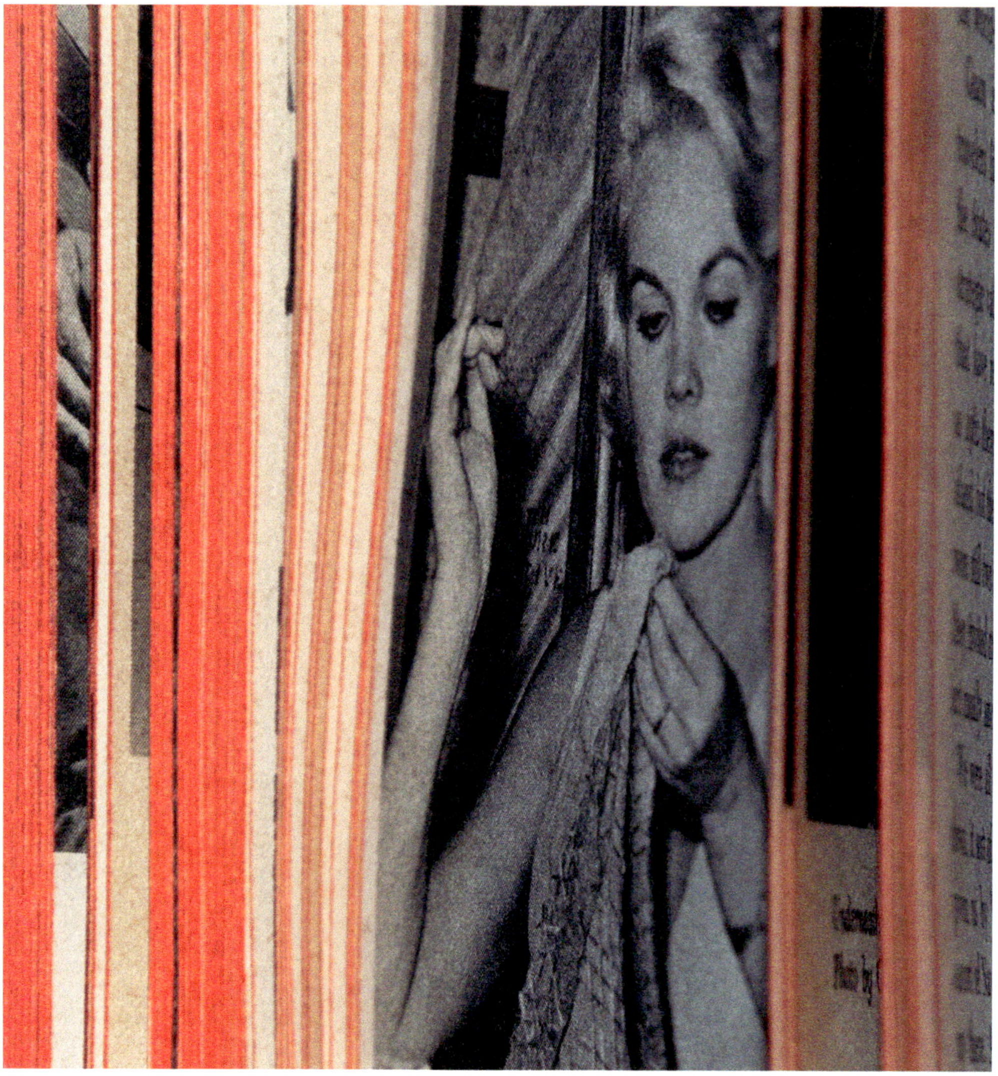

Sewing
2014

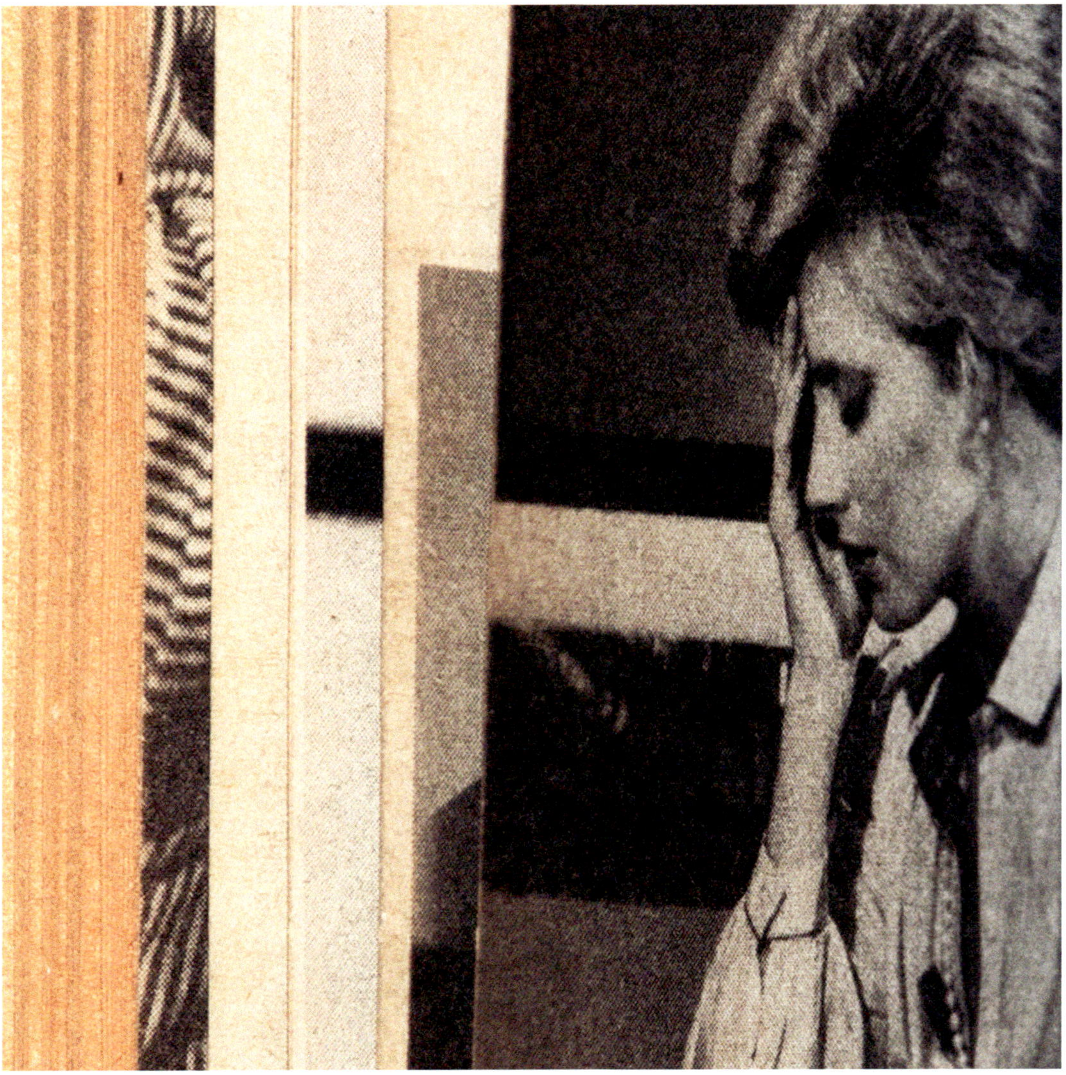

Considering
2014

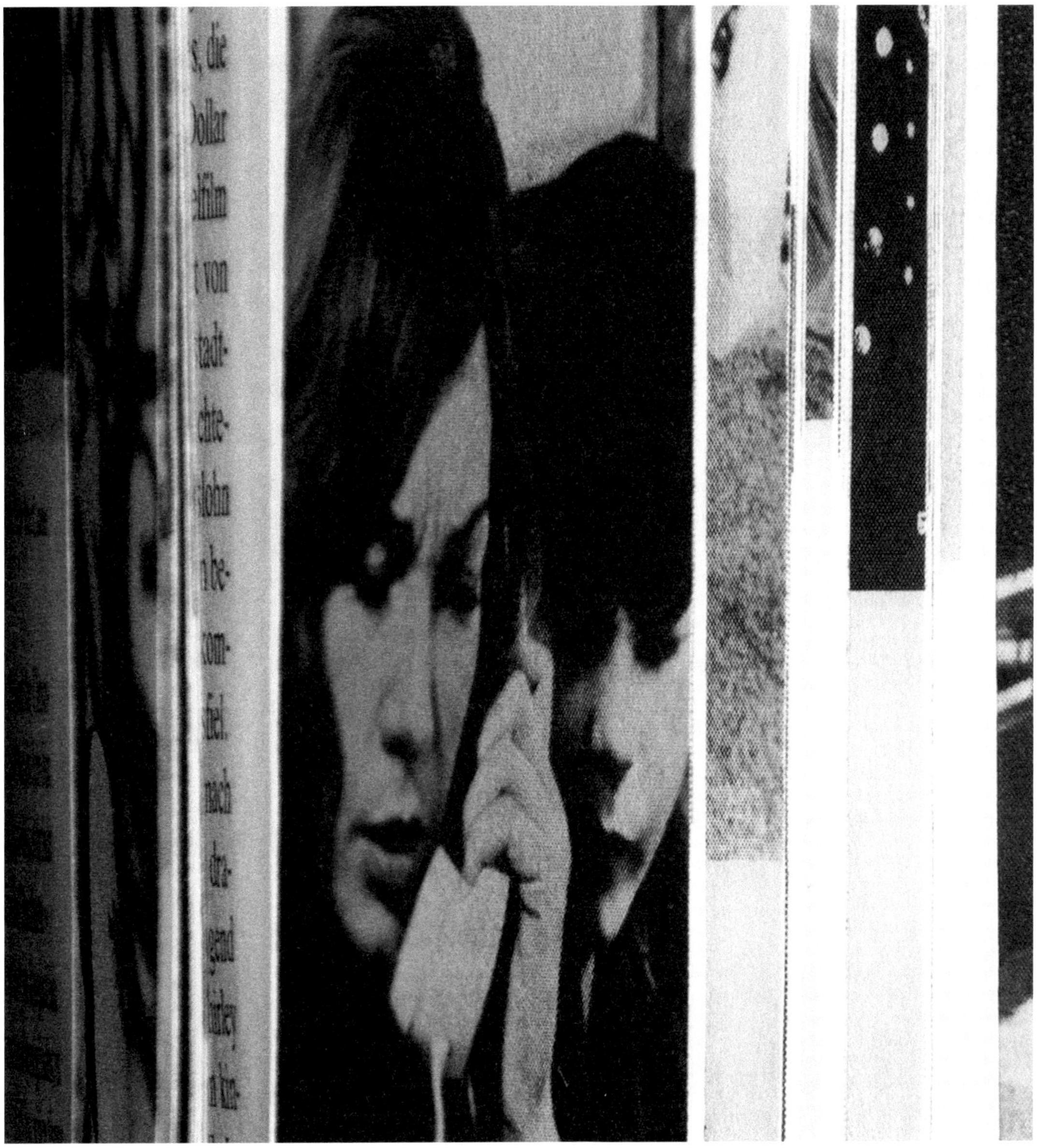

Close Call
2014

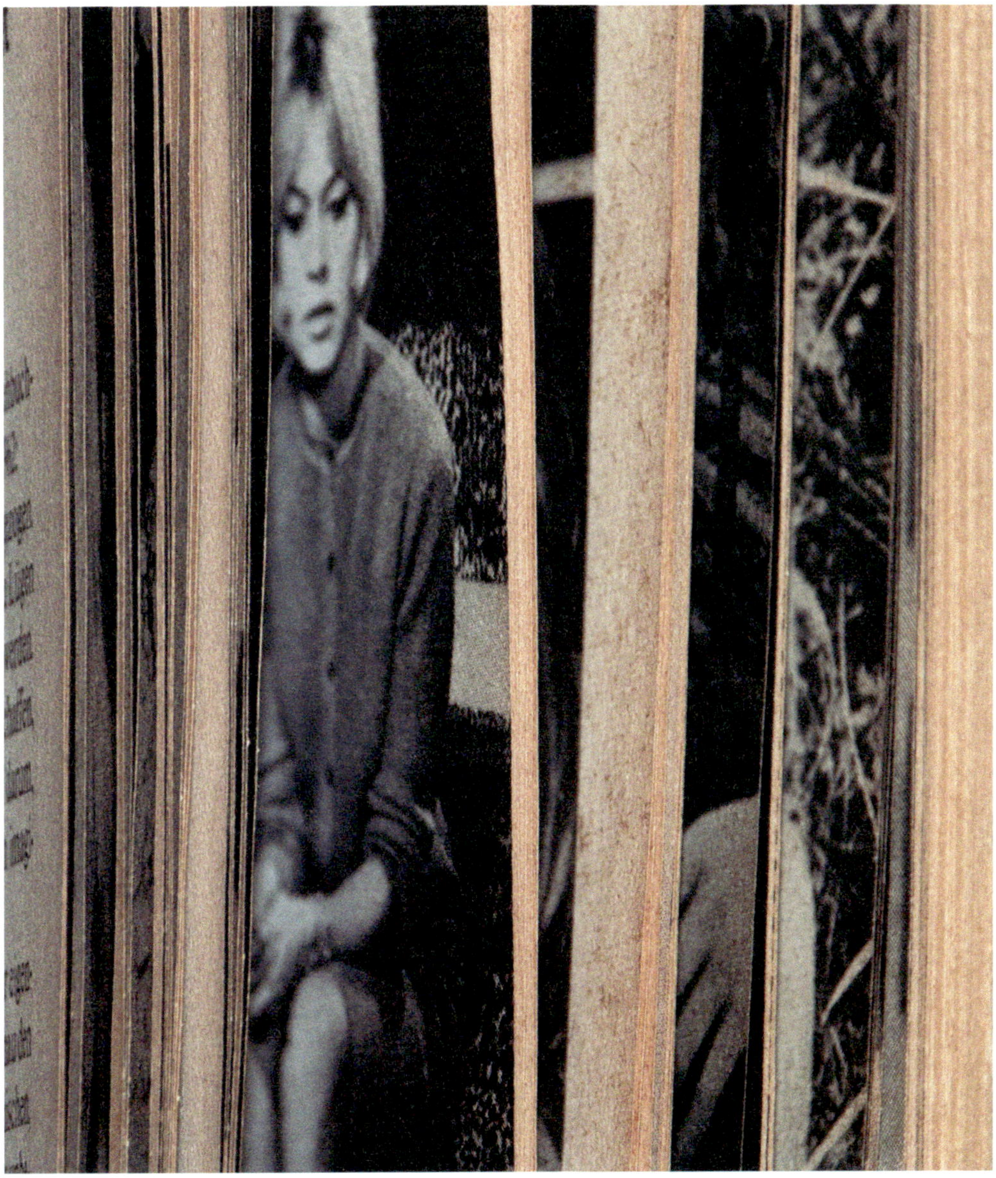

Leopard
2013

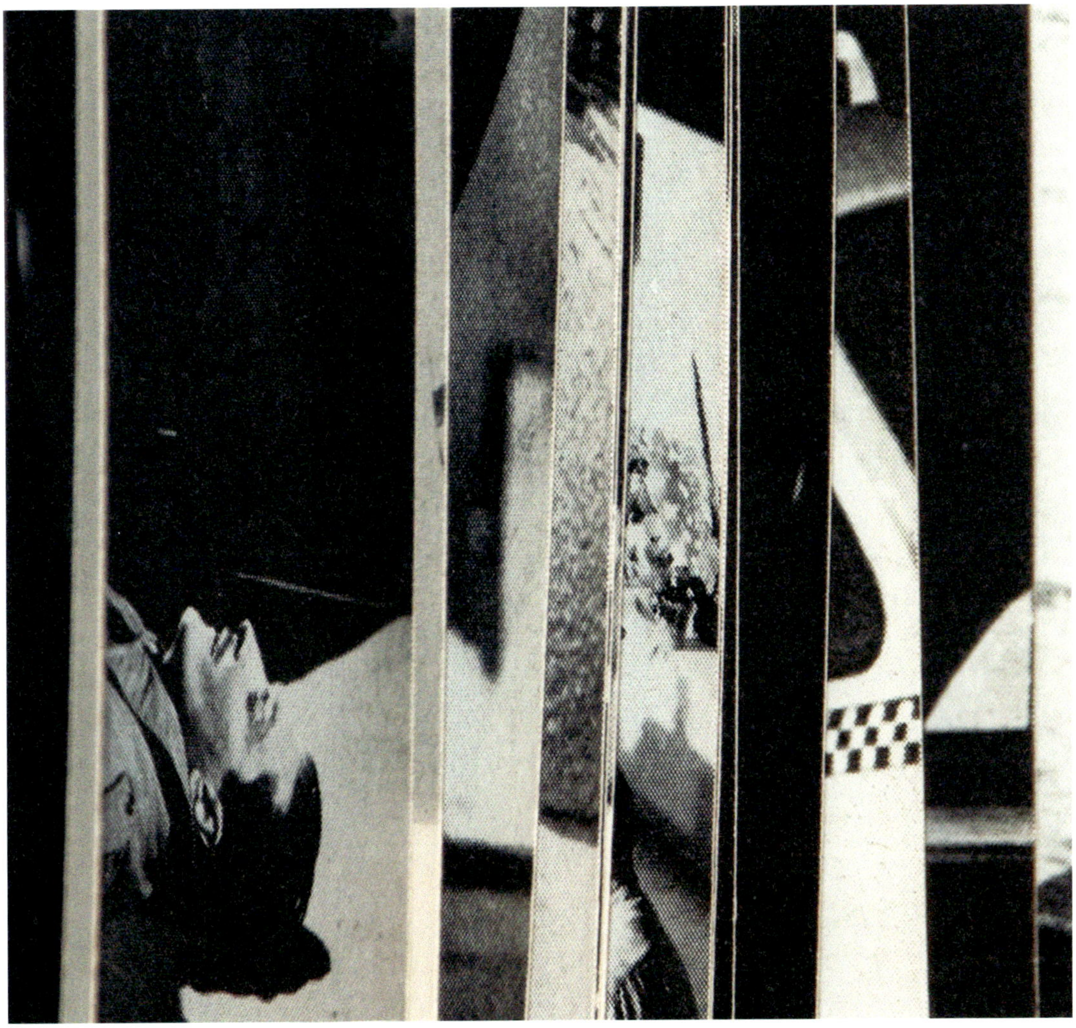

Taxi
2014

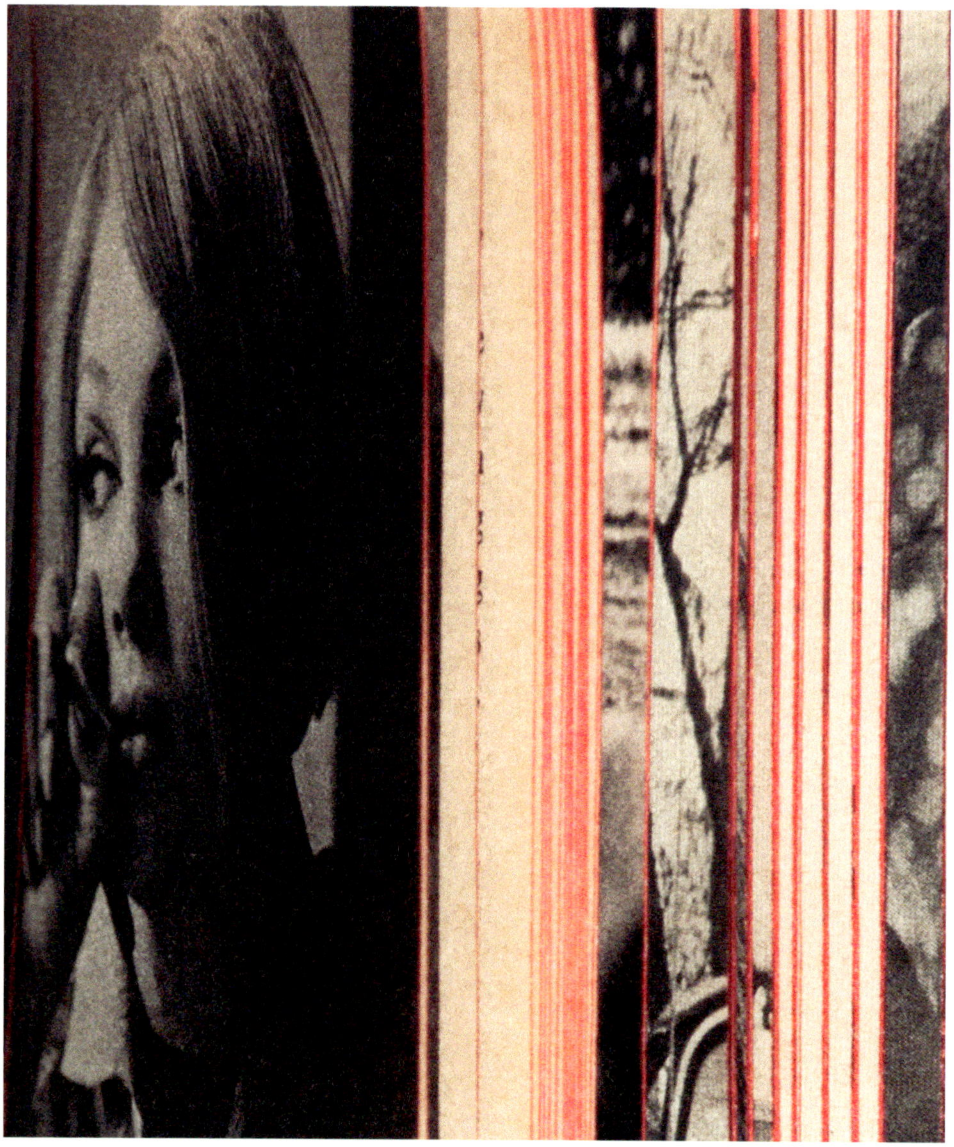

Pamela
2015

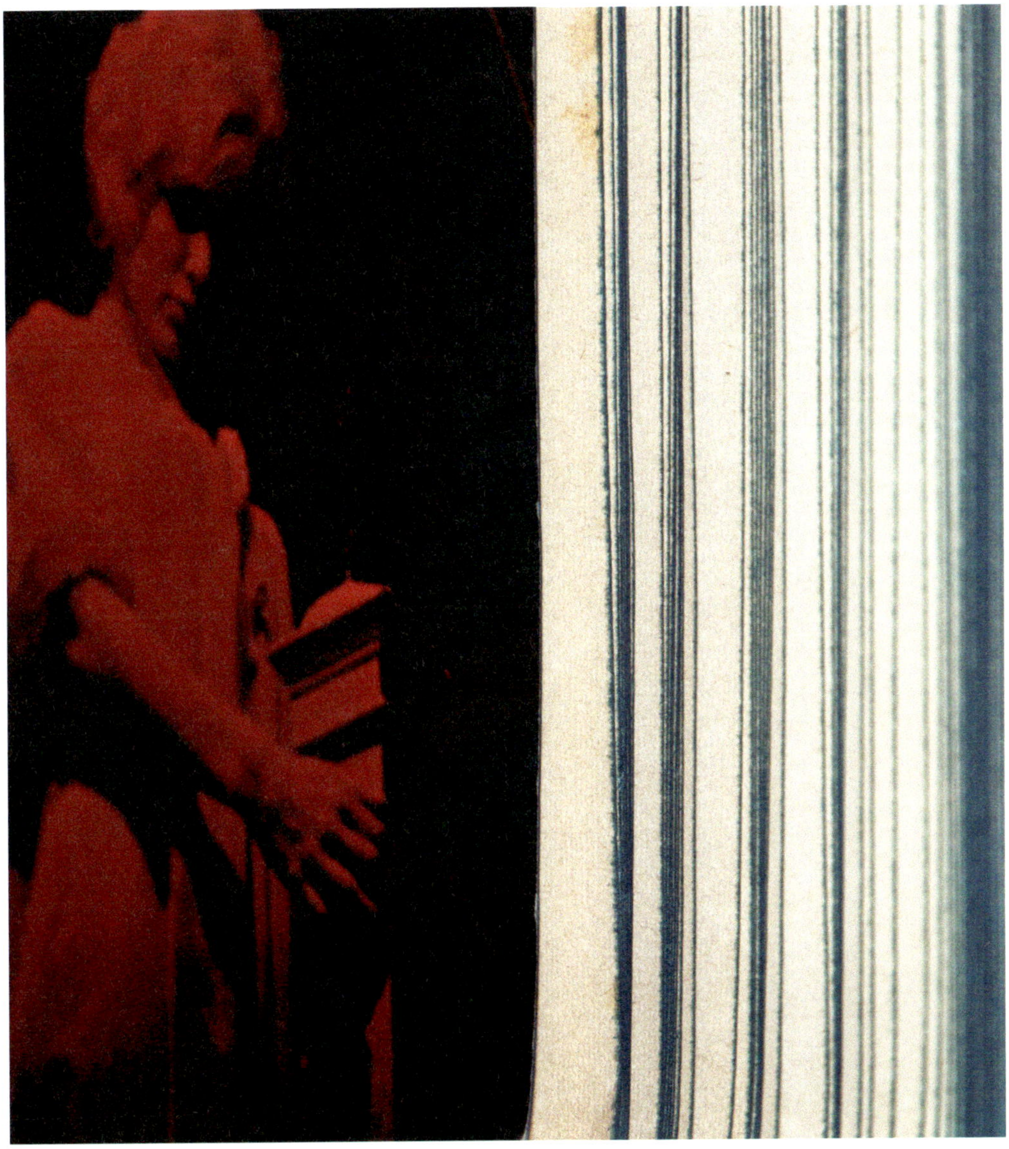

Reflection
2013

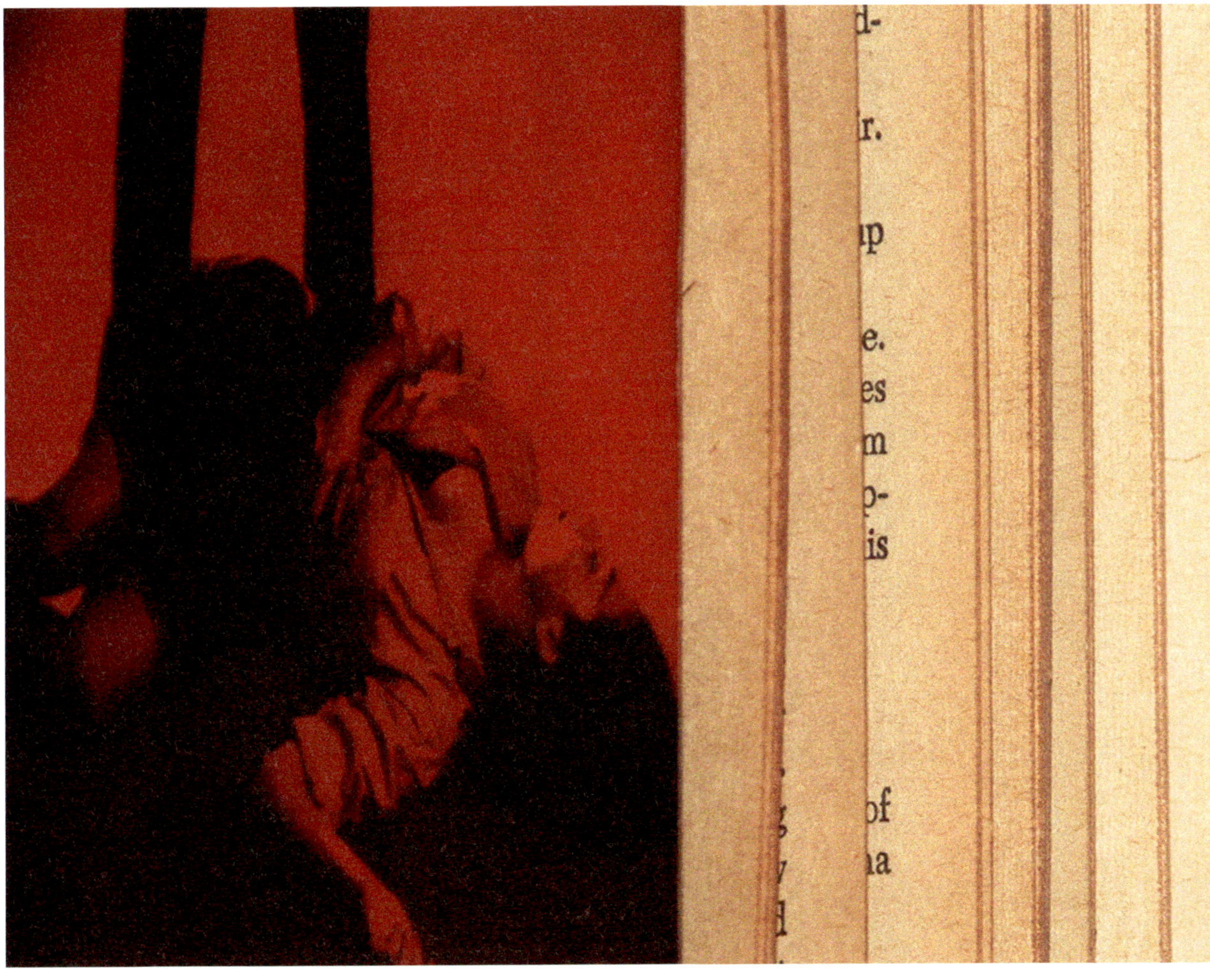

Investigation
2014

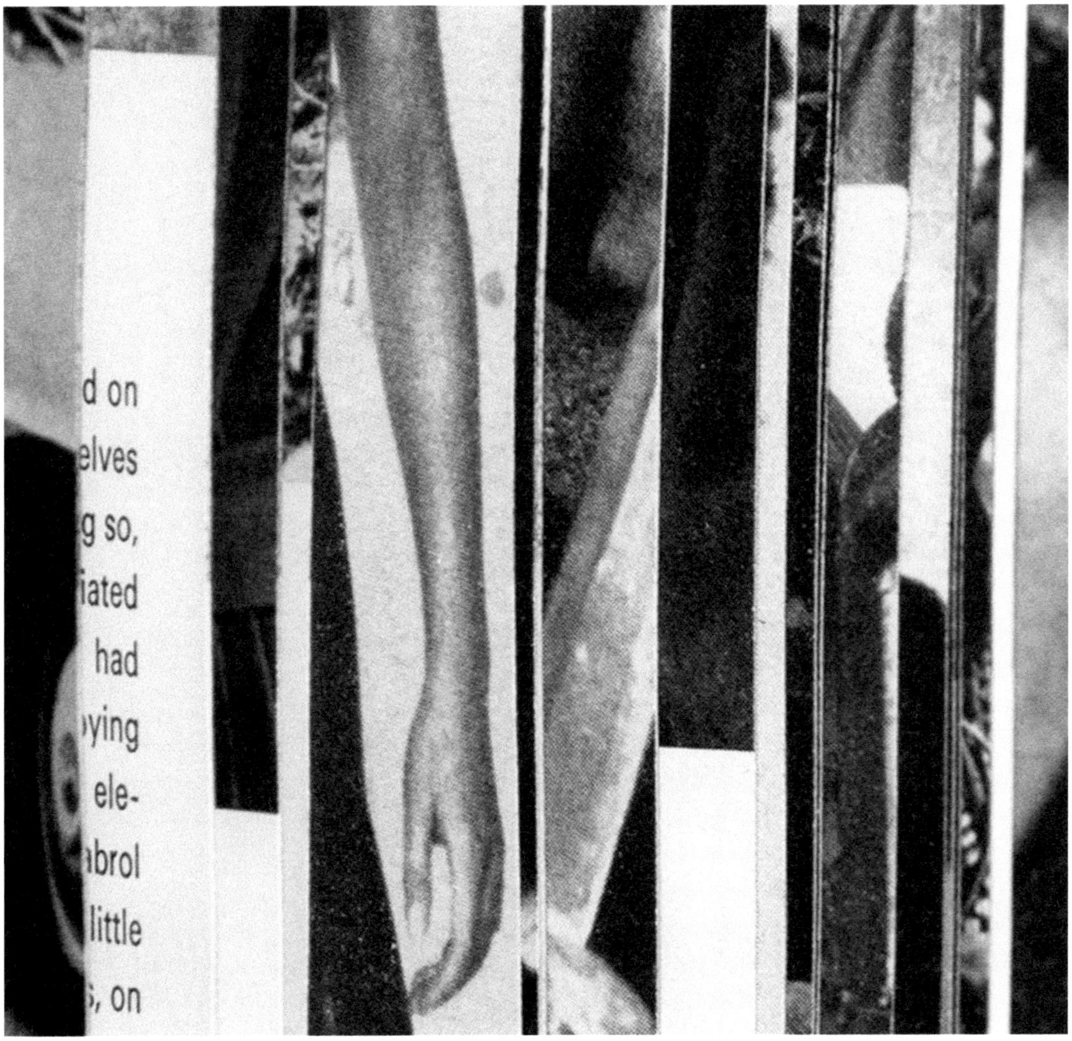

Arm
2015

The Naked Eye
Edition of 6 plus II AP
Archival pigment prints
on 17 × 22 inch paper
Image dimensions variable
2008–ongoing

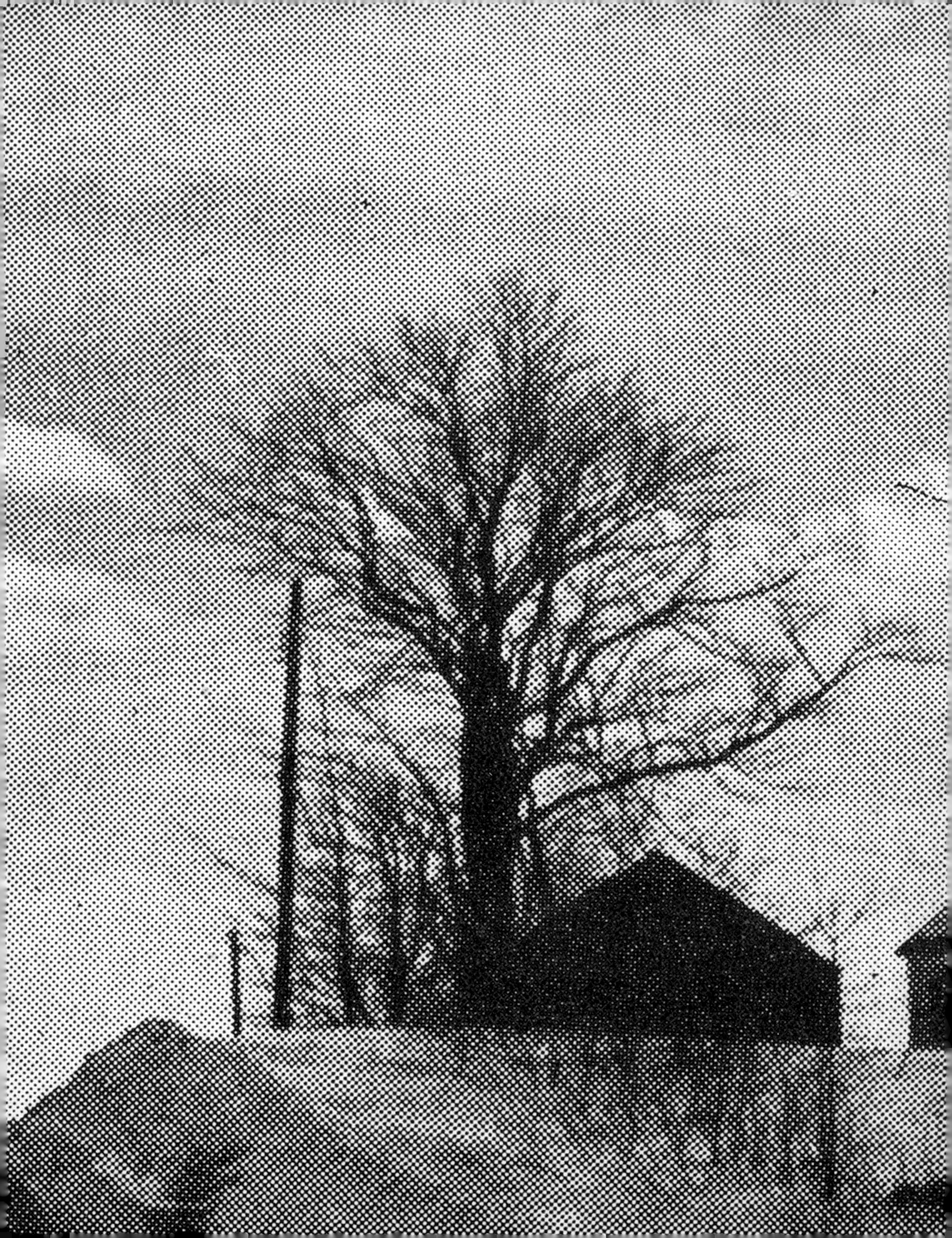

Jean-Max Colard

FILMO-BIOGRAPHÈMES

—

FILMO-BIOGRAPHEMES

« Le cinéma atteint les consciences par petites touches. »

—

“Film reaches into consciousness bit by bit.”

Olivia Rosenthal,
Ils ne sont pour rien dans mes larmes,
Paris, Verticales,
2012

Repartons de Barthes. Dans son article intitulé « Le troisième sens », et sous-titré « Notes de recherche sur quelques photogrammes de S. M. Eisenstein », publié initialement dans *Les Cahiers du Cinéma* en juillet 1970[1], l'auteur esquisse une théorie, nécessaire précise-t-il, du photogramme. Loin d'être un sous-produit lointain du film, le photogramme « se moque du temps logique », « lève la contrainte du temps filmique », et à ce titre il nous ouvre en premier lieu à la possibilité d'un autre film. Faisant se rejoindre théorie du cinéma et théorie du texte, Barthes en vient à dire que le photogramme est à ses yeux le vrai lieu de la rêverie cinéphilique, dans la mesure où il offre au spectateur une redistribution mentale, comme un autre film, subverti, permuté, comme un « autre texte » qui serait structuré autrement et qui vient se surimposer au film réellement vécu.

1 Roland Barthes, « Le troisième sens. Notes de recherche sur quelques photogrammes de S. M. Eisenstein », in *Les Cahiers du Cinéma*, juillet 1970, rééd. in *Œuvres complètes*, éd. par Éric Marty, Paris, Seuil, 2002, t. III, pp. 485-506.

En outre, parce qu'il ne doit pas être considéré comme un « extrait » du film, mais comme « le dedans du fragment », le photogramme nous met en contact avec une strate de perception plus essentielle : le « filmique ». Barthes précise que le filmique est différent du film (comme le comique est différent de la comédie). Et il ajoute que ce regard sur le filmique demande « une grande mutation de la lecture et de son objet, texte ou film ». On comprend alors que le filmique s'extrait quant à lui du cinéma pour apparaître comme un régime d'image, échappé du cinéma, flottant entre le mouvement et l'immobilité, et qui s'est infiltré dans ces autres médiums (télévision, création vidéo, bande dessinée...) qui sont depuis venus inquiéter et hanter le cinéma dans son hégémonie audiovisuelle.

Sans vouloir absolument appliquer à Erica Baum une théorie émise par Roland Barthes et « sourcée » dans le cinéma d'Eisenstein, il me semble malgré tout que la série *The Naked Eye* gagne à être regardée sous cet angle. De toute évidence, Erica Baum ne photographie pas des photogrammes ; non, elle s'efforcerait plutôt d'atteindre le filmique dans son essence même, et ce d'autant plus fortement que ces images sont en effet extraites du film, déplacées dans un autre médium (le livre), et donc détachées de leur contexte cinématographique premier. Le filmique est

Let's start with Barthes. In his article "Le troisième sens", subtitled "Notes de recherche sur quelques photogrammes de S. M. Einsenstein" and first published in *Les Cahiers du Cinéma* in July 1970,[1] he sketches out a theory, which he describes as "necessary," of the film still. Far from being a sub-product of film, the still "cares nothing for logical time" and "removes the constraint of filmic time." In doing so, it opens us up to the possibility of "another film." Linking film theory and text theory, Barthes concludes that film stills are the true setting for the film-lover's dreamscape, insofar as it offers the viewer a mental redistribution, like another film, subverted and permutated, like "another text" that is structured differently and which superimposes itself on the film actually experienced.

1 Roland Barthes, "Le troisième sens. Notes de recherche sur quelques photogrammes de S. M. Einsenstein", in *Les Cahiers du Cinéma*, July 1970, republished in *Œuvres complètes*, ed. Éric Marty, Paris, Seuil, 2002, vol. III, pp. 485-506.

Moreover, because it must not be considered as an "excerpt" from the film but instead as "that which lies inside the fragment," the film still brings us into contact with a more essential stratum of perception: what Barthes calls *le filmique*. He specifies that the "filmic" is different from the "film" (just as the "comic" is different from "comedy"). And he adds that this apprehension of the filmic requires "a major transformation of the act of reading and its object—text or film." We thus understand that the filmic extracts itself from cinema to appear as a regime of the image that has escaped from cinema, hovering between movement and immobility, and which has infiltrated other media (television, video art, graphic novels, etc.) that have since come to challenge and haunt the audio-visual hegemony of cinema.

Although I am not bent on applying a theory developed by Roland Barthes with reference to the cinema of Eisenstein to Erica Baum, it seems to me that *The Naked Eye* series gains something from being considered from this angle. Clearly, Erica Baum does not photograph film stills; instead she seems to strive to reach the very essence of the filmic, all the more so because these images are extracted from films

différent du film, nous disait Roland Barthes : et précisément Erica Baum creuse et explore cette « différance » de l'image cinématographique sortie du cinéma, pour atteindre à la quintessence du filmique.

Le fait que l'artiste américaine puise son matériau dans des livres manifeste précisément chez elle cette « grande mutation de la lecture » préconisée par Barthes : d'un côté le livre est regardé dans la perspective du film, au point que les bandes rouges ou jaunes de la reliure, le feuilletage des pages entrouvertes restituent quelque chose de la pellicule filmique et de son défilement. Ce n'est pas seulement le photogramme chez elle qui relève du cinéma, c'est tout « l'appareil éditorial » du livre qui participe de cet accès au filmique. Et dans cet ordre du livre, Erica Baum retrouve par moments des « états de cinéma » : non seulement *Slept* fait resurgir le fantôme endormi de John Giorno dans le film *Sleep* de Warhol, mais aussi tout un cinéma expérimental – et l'on sait à quel point, de Chris Marker à Stan Brakhage, ce cinéma a su jouer avec l'élément photogramme – se trouve ici invoqué, dans des photographies comme *Cigarette* ou *C*, par les effets de pellicule produits par la reliure et la disposition des pages.

Le livre vu comme un film – il se manifeste là une vérité actuelle de la littérature, liée à ce que j'ai appelé ailleurs sa condition « post-cinéma »[2] : le film ayant largement modélisé nos manières de voir, y compris quand nous rêvons et que les séquences oniriques surgissent sur l'écran intérieur de nos nuits, tout texte narratif est désormais lu sur un mode cinématique. Le succès économique d'un texte ne se couronne-t-il pas aujourd'hui par son adaptation filmique ? Autrement dit : les lecteurs que nous sommes sont aussi des spectateurs, et les textes que nous lisons, que nous visualisons sur un mode cinématographique, font aujourd'hui l'objet de notre part d'une adaptation mentale. La lecture est devenue un *remake*.

2 *cf.* Jean-Max Colard, *Une littérature d'après. « Cinéma » de Tanguy Viel*, Dijon, Les Presses du réel, 2015.

Mais en retour, chez Erica Baum, le film est aussi considéré comme un texte : au point que dans la série *The Naked Eye*, certaines images rendent les mots du livre partiellement lisibles. Avec son titre textuel, *i.e.* oriente le regard du spectateur non plus vers les jambes nues de l'illustration mais vers la fin d'une phrase ponctuée de trois points de suspension. Si ces images sont

that have been transferred into another medium (books), and are thus already detached from their initial cinematographic context. The filmic is different from the film, said Roland Barthes; and Erica Baum explores this "differance" of the cinematographic image removed from the film in order to attain the quintessence of the filmic.

The fact that the American artist draws her material from books manifests, in her work, the "major transformation of the act of reading" advocated by Barthes: in a sense the book is seen from the perspective of the film, so that the red or yellow stripes of the page edges and the act of fanning through half-open pages suggest the movement of celluloid. In Erica Baum's work, it is not just the film still, it is the entire "editorial apparatus" of the book that helps to provide access to the filmic. And in the way the book is set up, Baum occasionally connects with "states of cinema:" not only does *Slept* revive the sleeping ghost of John Giorno in Warhol's film *Sleep*, it also makes reference to an entire corpus of experimental film—we know to what extent, from Chris Marker to Stan Brakhage, experimental cinema has played with stills—in photographs such as *Cigarette* or *C* that use film-like effects produced by the binding and the way the pages fan out.

The book-as-film highlights a current truth of literature, linked to what I have elsewhere called its "post-cinematic" nature:[2] as film has profoundly shaped our ways of seeing, including when dream sequences appear on our mind-screens at night, all narrative texts are now read in cinematic mode. Is the crowning glory of a financially successful text not its screen adaptation? In other words, we readers are also viewers, and the texts that we read—that we visualize in cinematographic mode—are now the objects of our own mental adaptations. Reading has become a remake.

2 Cf. Jean-Max Colard, *Une littérature d'après. "Cinéma" de Tanguy Viel*, Dijon, Les Presses du réel, 2015.

But in return, in Erica Baum's work, the film is also considered as a text, so much so that in the series *The Naked Eye*, certain images make the book's words partially legible. With its textual title, *i.e.* shifts the viewer's eye away from the naked legs depicted in the illustration

prises dans un livre, c'est donc qu'elles doivent être aussi lues comme des textes, comme cet « autre texte » selon Barthes, que le photogramme surimpose au film originellement vécu.

Ces considérations m'engagent à suggérer une réponse à la question posée en tête de ce présent catalogue par Cathleen Chaffee, quand elle s'interroge sur la nature particulière, on pourrait même dire la « texture » du contemporain chez Erica Baum. À mes yeux, c'est essentiellement cette « grande mutation de la lecture » (du livre en film, du film en texte), c'est cette approche du filmique hors du film, c'est cette manière de saisir ces éléments spécifiques de la culture non pas à l'horizon étroit de la bibliothèque ou de la cinémathèque, mais à l'horizon élargi de la médiathèque voire de la « médiasphère », bref c'est cette grande permutation transmédiale, ce nouveau « régime esthétique » dirait Jacques Rancière, qui la place sous le sceau du contemporain.

Mais continuons avec Barthes. Dans un autre texte, « En sortant du cinéma »[3], le théoricien français développe combien nous adhérons à l'image filmique, à sa « vérité », combien nous avons le nez collé à l'écran et à l'imaginaire qui s'y déploie. Il rapproche cette absence de distance du discours idéologique : car nous collons aussi à la force, à la « vérité » proclamée de l'idéologie. Et Barthes de comparer alors cinéma et idéologie : tout comme l'idéologique est l'imaginaire d'un temps historique, le cinéma serait au fond l'imaginaire d'une société. Tout comme le film, l'idéologie a elle aussi ses propres photogrammes : ce sont les stéréotypes. Si le texte du film est composé de photogrammes mis à la suite les uns des autres, le discours idéologique articule quant à lui des stéréotypes auxquels nous adhérons, auxquels nous collons aisément.

3 Roland Barthes, « En sortant du cinéma », in *Communications*, 1975, rééd. in *Œuvres complètes*, éd. par Éric Marty, Paris, Seuil, 2002, t. IV, pp. 778-782.

La surprésence de personnages féminins dans la série *The Naked Eye* constitue aussi un relevé de stéréotypes construits et véhiculés, entre autres, par le biais du cinéma. La femme serrée contre son homme dans *Amnesia* ; la femme en robe de nuit, alanguie et lascive de *Untitled (Woman)* dont les pages du livre font mine d'écarter les jambes dans une sorte de ralenti voyeuriste (ne dit-on pas, en français, que la strip-teaseuse est une effeuilleuse?) ; la femme bientôt éplorée dans *Considering*; le coup de fil dramatique de *Close call* ou

and towards the end of a sentence punctuated by three suspension points. If these images are taken from a book, it means they must also be read as texts, like the "other text" which, according to Barthes, the film still superimposes on the initially experienced film.

These considerations lead me to suggest a response to the question Cathleen Chaffee asks at the beginning of this catalogue, when she reflects upon the special nature—I'm tempted to call it the *texture*—of the contemporary in Erica Baum's work. In my view, what gives her work the hallmark of the contemporary is essentially the "major transformation of the act of reading" (of the book into a film, and of the film into a text); it is her approach to the filmic outside of the film; it is her way of taking hold of specific elements of culture not within the narrow context of a library or film archive, but in the broader context of a media library or even the mediasphere; in short, it is a major transmedial permutation, a new "aesthetic regime" as Jacques Rancière would call it.

But let's continue with Barthes. In another text, "En sortant du cinema,"[3] the French theorist talks about how we adhere to the filmic image, to its "truth", how we have our noses glued to the screen and the imaginary world that unfolds upon it. He compares this lack of distance to ideological discourse, since we also adhere to the force (the "truth") proclaimed by an ideology. Barthes compares cinema and ideology: just as the ideological is the imaginary dimension of a point in history, he says that cinema is, fundamentally, the imaginary dimension of a society. Just like film, ideology has its own stills, namely, stereotypes. If the text of the film is made up of a sequence of stills, ideological discourse articulates stereotypes to which we readily adhere.

3 Roland Barthes, "En sortant du cinéma", in *Communications*, 1975, republished in *Œuvres complètes*, ed. Éric Marty, Paris, Seuil, 2002, vol. IV, pp. 778-782.

The predominance of female figures in the *The Naked Eye* series also constitutes a repertory of stereotypes that are constructed and conveyed, among others, by cinema. The woman clutching her man in *Amnesia;* the languid, lascivious figure in *Untitled (Woman)*

de *Telephone* ; la femme attentiste (*Leopard*)... Photogrammes d'un imaginaire social. On notera au passage combien cette série d'Erica Baum flirte subtilement avec un autre produit culturel qui a été un véhicule notoire des images stéréotypées de la femme, sentimentale et éplorée : le roman-photo. Un genre que le sémiologue Barthes n'a pas manqué de pointer en marge de son texte sur Eisenstein : « j'éprouve pour ma part ce léger trauma de la signification devant certains photos-romans : "leur bêtise me touche" [...] ; il y aurait donc une vérité d'avenir (ou d'un très ancien passé) dans ces formes dérisoires, vulgaires, sottes, dialogiques, de la sous-culture de consommation »[4].

4 Roland Barthes, « Le troisième sens. Notes de recherche sur quelques photogrammes de S. M. Einsenstein », art. cit., p. 504.

Côté masculin, le *Gangster*, l'homme armé (*Flint*), le costume-cravate (*Sinatra*), la figure forcément masculine de l'auteur (*Author*) ou l'apparition de Ronald *Reagan* dans sa période d'acteur de cinéma confortent cette lecture stéréotypique. Ainsi en va-t-il également de la *Cigarette* – et rappelons les contrats qui liaient les stars des studios hollywoodiens à l'industrie du tabac ; Humphrey Bogart se devait de fumer à l'écran et il le faisait toujours de la même manière, la cigarette au bec, pendant sur le coin de la bouche, et ce, quelque soit son rôle. François Truffaut évoque d'ailleurs la « *panoplie de Bogart* : chapeau, Luger, cigarette et téléphone »[5].

5 François Truffaut, « Humphrey Bogart » (1958), in *Les Films de ma vie*, Paris, Flammarion, p. 311.

Ici encore, la saisie de ces photogrammes à l'intérieur de livres où apparaissent quelques bribes de langage font se rejoindre théorie du film et théorie du texte : l'approche quintessentielle du filmique fait apparaître dans le film encore un « autre texte », tapi dans le cinéma, que constitue le discours idéologique. Et la douceur presque non-critique en apparence avec laquelle ils sont relevés par Erica Baum restitue quelque chose de la façon dont nous adhérons à ces *topoï* qui nous environnent et nous construisent. À travers ces livres feuilletés, la série *The Naked Eye* s'apparente ainsi à un catalogue de stéréotypes. Fragments d'un discours idéologique.

Tâchons maintenant de « sortir de Barthes », tout comme lui aimait « sortir du cinéma », dans un état somnambulique et hypnotique. Au croisement de ses textes plus autobiographiques et de ses réflexions sur la photographie,

with the pages of the book seeming to spread her legs in a kind of voyeuristic slow-mo (in French, a strip-tease artist is sometimes called an *effeuilleuse*—literally a "leaf-remover"); the woman on the verge of tears in *Considering*; the dramatic phone calls in *Close call* and *Telephone*; the waiting woman (*Leopard*), etc. These are stills from an imaginary social world. It is interesting to note how this series subtly traffics in another cultural product that has been a well-known vehicle for stereotyped images of sentimental, grief-stricken women, namely the photonovel. This is also a genre that Barthes the semiologist mentioned in passing in his text on Eisenstein: "for my part, I feel this slight trauma of meaning when I look at certain photonovels: 'I am touched by their stupidity' [...]; there may thus be a truth for the future (or from a very distant past) in these derisory, vulgar, idiotic dialogics of consumer subculture."[4]

4 Roland Barthes, "Le troisième sens. Notes de recherche sur quelques photogrammes de S. M. Einsenstein", art. cit., p. 504.

On the male side, the *Gangster*, the armed man (*Flint*), the man wearing suit and tie (*Sinatra*), the necessarily masculine figure of the *Author*, or Ronald *Reagan* when he was a film actor, support this stereotypical interpretation. The same goes for the *Cigarette*—let us not forget the contracts that bound Hollywood stars to the tobacco industry; Humphrey Bogart had to smoke on screen, and he always did so in the same way, with the cigarette hanging from the corner of his mouth, whatever character he was playing. François Truffaut talks of "*Bogart's gear*: hat, Luger, cigarette, and telephone."[5]

5 François Truffaut, "Humphrey Bogart" (1958), in *Les Films de ma vie*, Paris, Flammarion, p. 311.

Here again, recording these stills found in books while allowing a few snatches of language to appear brings film theory and text theory together. The quintessential approach to the filmic makes yet "another text" appear in the film, nestling within cinema—that of ideological discourse. And the apparently almost non-critical gentleness with which Erica Baum captures them expresses something of the way we adhere to these *topoi* that both surround and construct us. The fanned-out pages of *The Naked Eye* are thus akin to a catalogue of stereotypes: fragments of an ideological discourse.

dans *La Chambre claire* ou dans l'album photo inséré en tête de son essai *Roland Barthes par Roland Barthes*, l'auteur développe la notion de « biographème ». Le biographème est une sorte de coupe dans la biographie : ce sont des « traits » d'existence, des raccourcis poétiques, des éléments de vies réduites « à quelques détails, à quelques goûts, à quelques inflexions ». Pour Barthes, la photographie offre la forme la plus approchante du biographème ; un lien consubstantiel s'établit entre ces traits de vie, ces brisures existentielles et la théorie barthésienne du *punctum* photographique, cet endroit de la photo qui provoque l'émotion : « Un mot existe, dit Barthes, pour désigner cette blessure, cette piqûre, cette marque faite par un instrument pointu. [...] *punctum*, c'est aussi : piqûre, petit trou, petite tache, petite coupure [...] Le *punctum* d'une photo, c'est ce hasard qui, en elle, me point (mais aussi me meurtrit, me poigne) »[6]. Tout comme le *punctum* est ce point d'émotion qui m'étreint, de même le biographème est en somme un punctum existentiel : c'est tel détail (un geste, un visage, une posture), tel trait biographique coupant et coupé que je retiens, davantage qu'une longue narration biographique. Et plutôt que le livre, déroulant une pleine histoire, narrant une vie entière et linéaire, Barthes préfère le motif brisé et aléatoire de l'album, le plus à même d'accueillir ces traits d'existences que sont les biographèmes.

6 Roland Barthes, *La Chambre claire*, 1980, rééd. in *Œuvres complètes*, éd. par Éric Marty, Paris, Seuil, 2002, t. V, p. 809

On pourrait donc suggérer une sortie : le photogramme peut nous apparaître comme une autre, et peut-être même la meilleure porte d'accès au *punctum* de l'existence. Car inséré dans une narration, mais se situant à l'intersection du défilement et de la coupe, le photogramme est un fragment qui brise le flux du film et qui suggère, on l'a dit, un autre film que le film effectivement réalisé. Je ne m'attarderai pas ici à démontrer combien la lecture par Barthes des photogrammes issus des films d'Eisenstein s'apparente d'ailleurs beaucoup à son approche de la photographie.

Dans le travail d'Erica Baum, l'atelier se confond avec la bibliothèque. Le périmètre de son activité, ce sont des livres dont elle écorne les pages, qu'elle feuillette et dont elle photographie les pages entrouvertes. En lui rendant visite chez elle à New York, j'ai pu confirmer une intuition « filmo-biographique » : nombre des livres employés sont des livres sur le cinéma, et notamment

Let's now try to "get away from Barthes," just as he himself tried to "get away from film," in a sleepwalking, hypnotic state. At the intersection of his more autobiographical texts and his musings on photography, in *La Chambre claire* or the photo album inserted at the beginning of his essay *Roland Barthes par Roland Barthes,* Barthes explores the notion of the "biographeme." This is a kind of cross-section of a biography; it is a "trait" of existence, a poetic shortcut, a piece of life reduced to "a few details, a few flavours, a few inflections." For Barthes, photography offers the form that is closest to the biographeme. A consubstantial link is established between these traits of existence, these existential fragments, and Barthes' theory of the photographic *punctum,* the aspect of the photo that triggers emotion: "A word exists to designate this wound, this prick, this mark made by a pointed instrument: [...] for *punctum* is also: sting, speck, cut, little hole[...] A photograph's *punctum* is that accident which pricks me (but also bruises me, is poignant to me)."[6] Just as the *punctum* is the pang of an emotion that takes hold of me, the biographeme is, in sum, an existential *punctum*: a detail (a gesture, a face, a posture), a cutting (and cut) biographical trait that I remember more sharply than any long biographical narrative. And instead of the book, in which an entire story unfolds, narrating an entire, linear life, Barthes prefers the fragmented, random motif of the album, which is more able to embrace these traits of existence called biographemes.

6 Roland Barthes, *La Chambre claire,* 1980, republished in *Œuvres complètes,* ed. Éric Marty, Paris, Seuil, 2002, vol. V, p. 809 (excerpt quoted here from the English translation *Camera Lucida,* Hill & Wang, New York, 1981)

We might thus suggest a way out: film stills might seem to be another, and perhaps the best, gateway to the *punctum* of existence. Because when inserted into a narrative, but located at the intersection of motion and cutting, the still is a fragment that breaks the flow of the film and suggests, as we have said, a film other than the one that has actually been made. I will not linger here on a demonstration of how Barthes' reading of stills from Eisenstein's films clearly relates to his approach to photography.

des biographies vieillotes d'acteurs ou d'actrices. À cette occasion, Erica m'avait d'ailleurs donné un de ses ouvrages : il s'agissait de *Mommie Dearest* de Christina Crawford, la fille adoptive de l'actrice Joan Crawford. Elle y raconte son enfance à Hollywood, auprès d'une mère alcoolique, égotiste et terrifiante. Le livre s'accompagne en son centre d'un petit album de famille, seize images noir et blanc extraites de la collection personnelle de l'auteur. En feuilletant le livre rapidement, en entrouvrant les pages sur ces photos de Joan Crawford et de sa fille, j'ai la sensation de m'approcher du travail et du regard d'Erica Baum.

Il n'est pas anodin de remarquer qu'une grande partie du matériau livresque de la série *The Naked Eye* est constituée de biographies liées au monde du cinéma. La matérialité du livre, son apparition au sein de l'image contribue, on l'a déjà dit, à détacher les photogrammes du film, à détacher le filmique du film. Mais peut-être Erica Baum effectue-t-elle le même travail d'extraction vis-à-vis du matériau biographique : prises dans le contexte d'une vie vécue et racontée, ces images sont certes du filmique, mais elles sont aussi du biographique. Tout comme le filmique est différent du film, le biographique est différent de la biographie.

Certaines images se trouvent ainsi partagées entre le filmique et le biographique : images de vie vécue, ou séquences filmiques ? Leur extraction rend difficilement resituable l'apparition de tel acteur ou telle actrice. Ainsi l'image de Joan Crawford dans la photographie intitulée *Joan* semble autant relever de la filmographie de l'actrice que de sa vie réelle. Tandis que *Reagan* renvoie à la carrière d'acteur du futur président américain, comme si son personnage politique n'était jamais que la suite de sa filmographie, un rôle parmi d'autres.

Ces images pratiquent donc une immixtion du filmique et du biographique, et c'est à ce titre qu'elles m'apparaissent comme des « filmo-biographèmes » – c'est-à-dire des traits de vie, des fragments d'existence qui relèvent aussi bien du cinéma que de la vie réelle. Autant dire que cette immixtion n'est pas esthétique : elle désigne plus profondément la façon dont le cinéma s'est additionné et incorporé à notre être, à notre mémoire, et à nos vies.

In Erica Baum's work, the artist's studio merges with the library. The scope of her activity is determined by the books which she leafs through, whose pages she folds down, and whose half-open pages she photographs. When I visited her at her home in New York, I was able to confim a "filmo-biographical" intuition: Many of the books she uses are books about film, especially time-worn biographies of actors or actresses. On that occasion, Erica gave me one of her books, *Mommie Dearest,* in which Christina Crawford, Joan Crawford's adopted daughter, talks about her childhood in Hollywood with an alcoholic, egotistical, and terrifying mother. In the middle of the book is a little family photo album comprising sixteen black and white pictures from the author's private collection. When I quickly leaf through the book, half opening the pages where these photos of Joan Crawford and her daughter appear, I feel I'm getting close to Erica Baum's work and way of seeing.

Significantly, a large number of the books used as raw material for *The Naked Eye* series are film biographies. The materiality of the book and its appearance within the image helps, as we have said, to detach the stills from the film—to detach the filmic from the film. But perhaps Erica Baum carries out the same process of extraction with respect to biographical material. Taken in the context of a lived and narrated life, these images are certainly filmic, but they are also biographical. Just as the filmic is different from film, the biographical is different from biography.

This means that certain images are on the cusp of the filmic and the biographical: Are they images of real life, or are they film sequences? Their extraction makes it difficult to situate the appearance of a particular actor. The picture of Joan Crawford in the photograph entitled *Joan* seems to relate as much to the actress's film roles as to her real life, whereas *Reagan* refers to the future US president's film career, as if his political persona were nothing but a follow-up to his films—just another role.

Ce phénomène d'immixtion, le théoricien Jean-Louis Schefer l'a spécifiquement approché dans son essai intitulé *L'Homme ordinaire du cinéma* : « j'ai tenté d'expliquer comment le cinéma était en nous », explique-t-il. « Quelque chose de notre vie, que nous n'aurions jamais su, s'est-il immobilisé devant ces images ? ». Pour Jean-Louis Schefer, le cinéma offre une expérience nouvelle du temps et de la mémoire. Il superpose des images à celles que nous avons de notre propre vie, il est le lieu d'une « paradoxale addition d'un autre être à notre être », et « par cette mémoire [...] une partie de notre vie passe dans des souvenirs de films, parfois les plus indifférents aux contenus de cette vie ». Le film est une « étrange passerelle conduisant, plus qu'à une durée de récits exposés hors de nous-mêmes, à l'involution la plus profonde d'une vie ». « [C]e temps que nous n'avons pas vécu ou que nous ne vivons qu'en des images [...] est ainsi mêlé à notre vie[7]. »

7 Jean-Louis Schefer, *L'Homme ordinaire du cinéma*, Petite bibliothèque des *Cahiers du cinéma*, Paris, Gallimard, 1997, pp. 7, 12, 94, 96, 102, 107.

Enfin, quittons Roland Barthes. La « filmo-biographie » m'apparaît comme une forme, une écriture (*graphie*), comme le modèle d'un récit de vie non plus linéaire, mais au contraire discontinu, irrégulier. Entendue comme une forme nouvelle du récit de la biographie, la filmo-biographie n'appartient pas en propre au cinéma ; dans la littérature comme dans les arts, elle apparaît partout où il est question d'écrire autrement, sur un mode discontinu, nos existences individuelles. Et dans les photographies d'Erica Baum, qui procèdent à la fois du filmique et du biographique, par le biais d'une double extraction, surgit en effet un autre texte, un autre film que celui dans lequel tel photogramme, ou aussi bien telle figure d'acteur ou d'actrice étaient préalablement insérés. Ce que nous montrent les filmo-biographèmes d'Erica Baum, c'est précisément la manière dont nos vies sont « tramées » de cinéma. Ou comment le cinéma, pas ses opérations de montage, de démontage narratif, est un lieu par lequel nos vies et les manières de les raconter s'écartent résolument des modalités anciennes, plus linéaires, de la biographie ou du récit de vie.

Constatation : nos existences individuelles ressemblent aujourd'hui à la filmographie d'une actrice. Soit un parcours, discontinu, irrégulier, constitué de métamorphoses diverses, de revirements existentiels, de changements de

These pictures thus mix the filmic and the biographical, and this is why they strike me as being "filmo-biographemes"—that is to say, traits of life, fragments of existence that are rooted as firmly in cinema as in real life. In other words, this immixture is not aesthetic: It points more profoundly to the way cinema has been added to, and incorporated into, our being, our memory, and our lives.

The theorist Jean-Louis Schefer specifically dealt with this phenomenon of immixture in his essay entitled *L'Homme ordinaire du cinéma*: "I tried to explain how cinema is within us," he explains. "Has something about our lives we never knew about immobilized itself in front of these images?" For Schefer, film offers a new experience of time and memory. It superimposes images on those we have of our own lives; it is the setting for a "paradoxical addition of another being to our being," and "through this memory [...] a part of our lives passes into memories of films, sometimes ones that are quite indifferent to the content of those lives." The film is a "strange bridge leading less to a series of narratives exposed outside of ourselves than to a profound involution of our lives." "[T]his time that we have not experienced, or which we only experience through images [...], is thus mixed into our lives."[7]

7 Jean-Louis Schefer, *L'homme ordinaire du cinéma,* Petite bibliothèque des *Cahiers du cinéma,* Gallimard, Paris, 1997, pp. 7, 12, 94, 96, 102, 107.

To conclude, let's leave Roland Barthes behind. "Filmo-biography" seems to me to be a form, a particular way of writing, a model for a narrative of life that is no longer linear but discontinuous and irregular. When understood as a new form of biographical narrative, filmo-biography no longer only belongs to film. In literature, as in the arts, it appears where the aim is to write about our individual lives in a different, discontinuous way. And in Erica Baum's photographs, which are rooted in both the filmic and the biographical, via a twofold process of extraction, another text does indeed emerge: a film other than the one into which a still or the face of an actor has been inserted. What Erica Baum's "filmo-biographemes" show us is precisely the way in which our lives are "patterned" by film. And they show us how film, thanks to the way it edits and

situations familiale, sociale, amoureuse, – soit un « montage de séquences de vie » qui mises bout à bout comme autant d'épisodes, constituent au final une existence qui n'a plus rien de strictement linéaire.

À la manière d'une actrice déroulant une filmographie sinueuse, tantôt blonde, tantôt brune, tantôt mère de famille, tantôt femme esseulée, tantôt infirmière et tantôt au chômage, incarnant successivement différents personnages, différentes existences, et la mort au milieu, nos vies adoptent non pas la ligne droite de la biographie, mais la courbe flottante d'une personnalité diverse. Au gré des liaisons et des ruptures amoureuses, des changements de situation professionnelle, des familles recomposées, des transformations opérées sur nos corps par la chirurgie esthétique, nos vies prennent l'allure d'une suite désaccordée de séquences.

Les modes de graphie de l'existence ont changé, autant que l'existence elle-même : telle est l'hypothèse de ce présent essai.

deconstructs narrative, is a place where our lives and the ways we recount them move sharply away from the more linear modalities of biography or life stories.

All this tells us that our individual lives now look like the filmography of an actress, a career that is discontinuous and irregular, made up of various metamorphoses, existential turnarounds, changes to family life, social life, and love life—in other words a "montage of life sequences" which, when laid end to end like so many episodes, ultimately constitute an existence that is no longer strictly linear.

Like an actress pursuing her sinuous film career—now blonde, now brunette, now a mother, now a lonely woman, now a nurse, now an out-of-work character, successively embodying different personae, different lives, with death amid them all, our lives no longer follow the straight line of biography, but instead the floating curve of a multiform personality. As relationships and breakups and jobs come and go, as families are reconstructed, as we transform our bodies with plastic surgery, our lives begin to look like dislocated successions of sequences.

Ways of recounting life have changed, just as life itself has changed: such is the hypothesis in this essay.

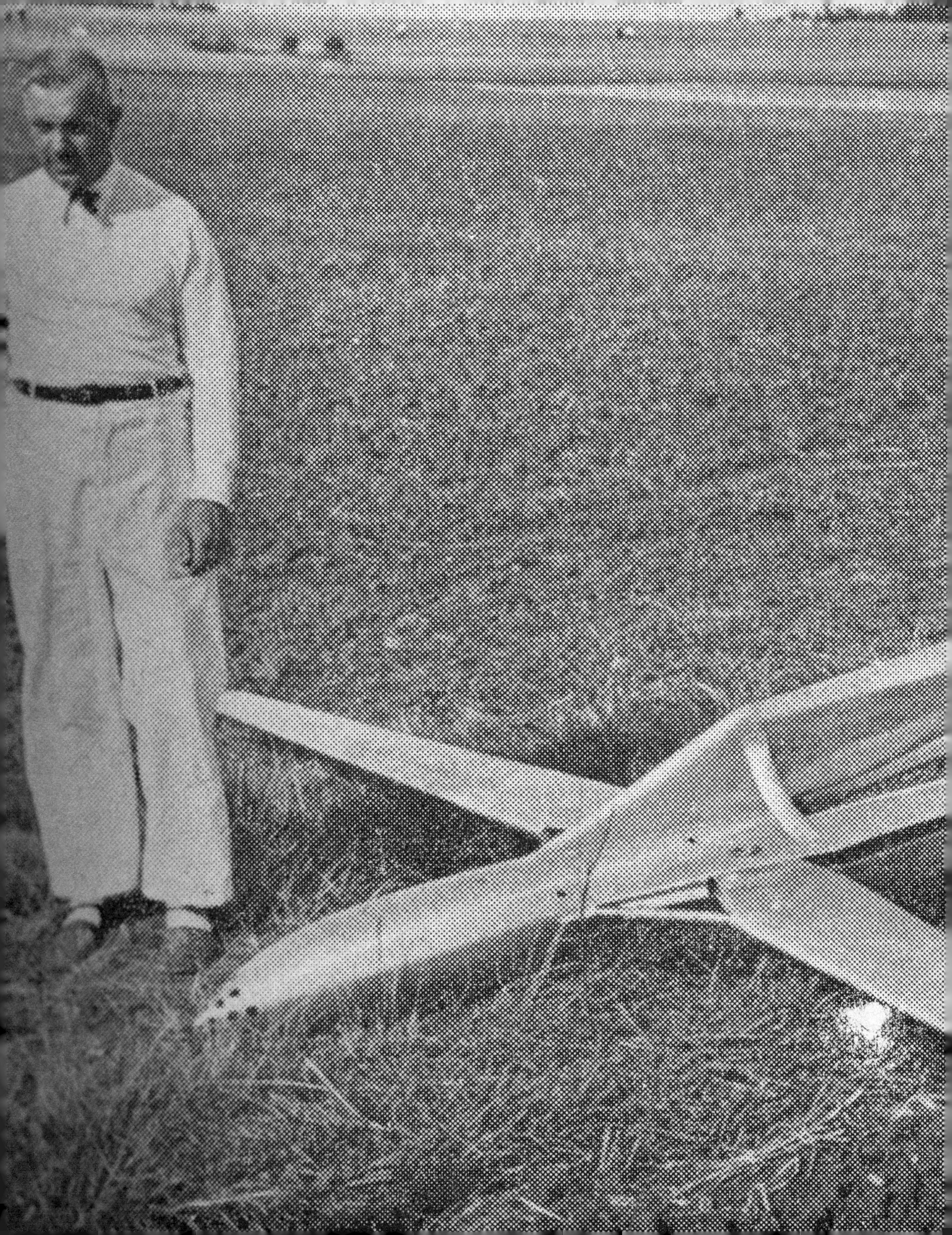

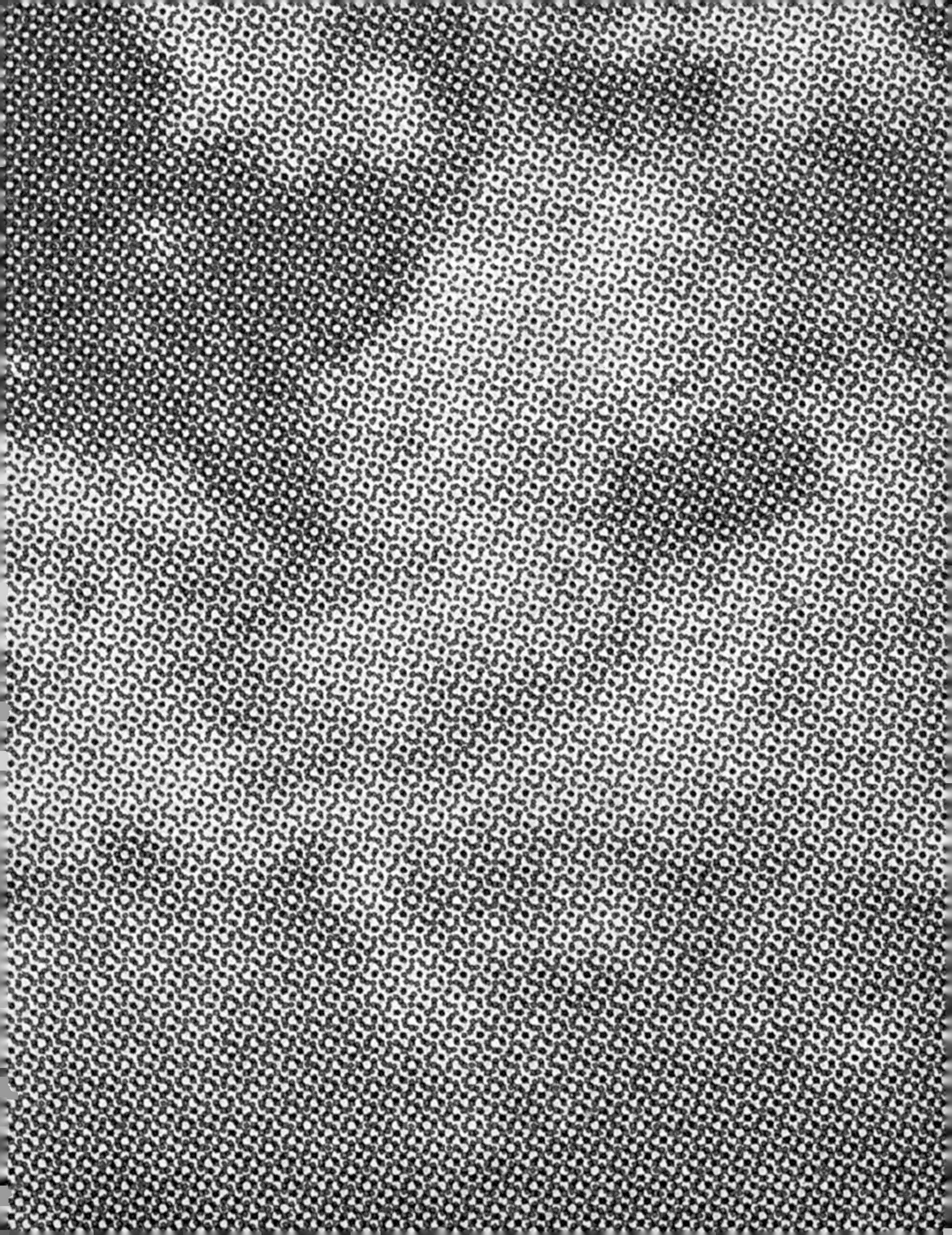

Erica Baum
The Naked Eye

Authors:
Cathleen Chaffee
Jean-Max Colard

Translation:
Adel Tincelin (E/F)
Martyn Back (F/E)

English copy-editing:
Will Heinrich

French copy-editing:
Aurelien Delamour

Graphic design:
Myriam Barchechat

Printing:
NPN Drukkers, Breda

Publishers:
Crèvecœur/œ, Paris
Bureau New York

Printed in The Netherlands
October 2015
ISBN 978-2-9541369-4-3

BUREAU
178 NORFOLK STREET
NEW YORK NY 10002
bureau-inc.com

Crèvecœur / œ
9 rue des Cascades,
75020 Paris
galeriecrevecoeur.com
oe-editions.com

This publication has been made possible with the generous support of:
Matthias & Joanne Boswinkel Clarke
Alain and Patricia Dibie
Jean-Louis Girodolle
Mirella and Daniel Levinas
Nion McEvoy
Gerard Mavalais and François Michel
Charles Dee Mitchell
Valérie Sandoz / Artothèque, Maison du livre, de l'image et du son, Villeurbanne
Jori and Rob Sherer
David Solo
Elena Tavecchia
Candace Worth
Christopher Yin and John Yoon

The artist would like to thank:
Tim and Dashiell Allen
Myriam Barchechat
Allison Branham
Maliea Croy
Axel Dibie
Alix Dionot-Morani
Gabrielle Giattino
Will Heinrich
Weston Lowe
Mary Grace Wright